일상이 그리스 로마 신화

저항의 계보

※ 일러두기

1. 본문에서 인용되는 모든 저작이나 단행본에는 《 》(겹화살괄호)를, 그림, 영화 등의 제목에는 ' ' (홑따옴표)를, 전시명에는 " " (쌍따옴표)를 사용했습니다.

2. 본문에 사용된 도판은 대부분 저자와 출판사가 저작권을 가지고 있으며, 국립박물관 · 사립박물관 · 위키백과 · 나무위키 등 공용 사이트의 저작권 만료 또는 사용 제약이 없는 퍼블릭 도메인 이미지는 출처 표시를 생략하거나 소장처를 표기하였습니다. 이외에 소장처가 분명치 않은 도판은 정보가 확인되는 경우 이에 따른 적법한 절차를 밟겠습니다.

일상이 그리스 로마 신화

저항의 계보

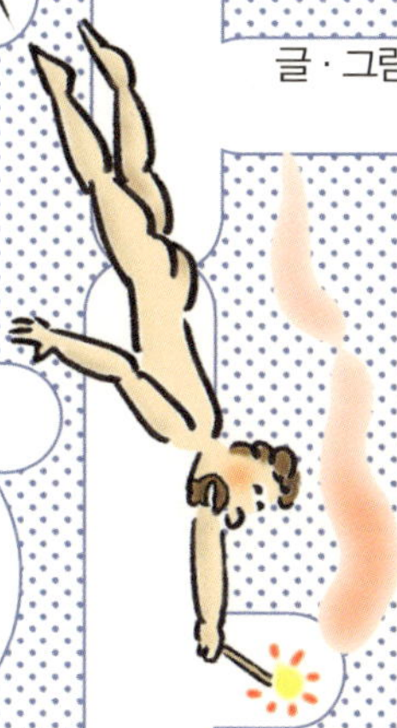

글 · 그림 · 사진
한호림

책읽는고양이

프롤로그

나는 이런 그리스 로마 신화 책을 쓰고자 했다

프롤로그? 이 prologue란 말도 그 뿌리가 그리스 신화에 있다. 프로메테우스 이름에서 pro-가 '미리(前, 전)' 란 뜻이라는 게 나온다. 왜 프로메테우스인가? 앞일을 '미리' 알아서 프로메테우스다. 그래서 최고신 제우스도 자기의 앞날을 아는 프로메테우스가 두려워 죽이고 싶어도 어쩌질 못하고 끌탕을 하지.

도대체 신화는 왜 읽을까? 그 오래된 이야기를 뭣에 쓰자고 읽을까? 그게 무슨 입학, 취직, 진급 시험에 나올 일이라도 있던가? 아니면 단순히 지식욕을 채우기 위해 '신화 공부' 로 읽나? 그 머리 아픈

긴 이름을 억지로 외워가며 읽는 건가?

나는 이런 신화 책을 쓰고자 했다. 막연한 남의 신화가 아니고 내가 직접 신화의 현장에 가서 내 눈으로 본, 숨 쉬어 본, 내 손으로 만져보고, 내가 촬영한 사진, 내 의도대로 포토샵하고, 내가 그린 일러스트레이션, 그리고 간략한 지도로 설명하는 그런 신화 책.

중학교(서울 덕수중학교)에 입학하니 과목마다 선생님이 따로 계셔 전문성(!)이 있어 보여 좋았다. 특히 장차 화가가 소원인 내가 좋아하는 미술 과목 김찬희 선생님은 일본 태평양미술대학 출신으로 우리나라 중진 화백이셨다. '야!' 우선적으로 미술반에 들어갔다. 그래서 미술실엘 들어서니, 어? 거기 웬 벌거벗은, 내가 보기에도 아주 풍만한 서양 여자의 큰 반신 석고상이 있네? 벌써 오래된 모양으로 때는 좀 탔지만 정말 근사했다.

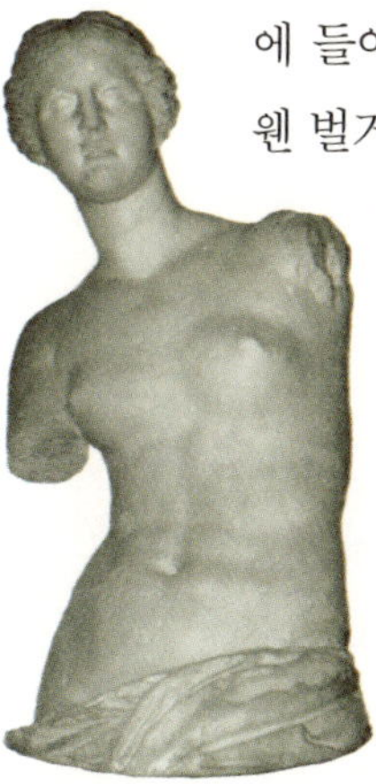

근데 이게 누군지도 몰랐다. 그래도 이름이야 바로 알게 됐다. 비너스란다. 달랑 비너스라는 것만 알았지 비너스가 누구야? 누구 아는 놈이 있나?

6년 후, 덕수상고를 마치고 용케 홍익대

학교 미술대학엘 들어갔다. 거기 실기실에는 처음 보는 석고상들이 많았다. (아주 한참 뒤인 해군 복무 중 혼자 알게 된 것이지만 태양신) 아폴로의 흉상도 있었고, 웬 꼰대가 몸을 비틀며 괴로워하는, 라오콘이라는 석고상도 있었다. 그러나 미술대학에서도 그런 석고상들에 대해서 그냥 "그리스 신화에 나오는 신이래…"라는 정도 이상 아는 인간이 없었다. '교수님에게도 질문하지 않기를 잘했지… 괜스레….'

대학 2학년을 마치고 해군엘 지원했다. 해외여행은 꿈도 못 꾸고 국내 관광도 없던 시절, 서울 촌놈이 먼 바다와 과학의 총체 군함 타는 게 꿈인데 그걸 병역을 겸하여 나랏돈(!)으로 누릴 수 있을 터이니 얼마나 좋은가 말야. 진짜로, 경쟁이 무려 11:1이었다니까! 합격! 신병 훈련을 마치고 해군 위생사로서 군의 교육을 받던 대구 시내에서 상륙(외출의 해군 용어)을 나간 어느 날, 책방에

서 '어라?' 이런 책을 만났네? 을유문화사의 세계문학전집 36권 《그리샤 로오마 신화》(강봉식 편역). 이건 정말이지 운명이라고 생각한다. 아니? 세상에! 이런 책이 있었다니? 우선 엄청난 분량(깨알 같은 활자로 506쪽), 들춰보니 벌써 거기에 내가 그동안 물을 데가 없어 잠재적으로 쌓아둔 궁금증들을 줄줄이 풀어줄 조짐이 '탁!' 보이네! 당장 샀지. 거금 600원. (당시 일병 봉급이 400원이었다.) 그때부터 동해 · 서해 · 남해 경비 출동 중에 군함 안에서 읽고 또 읽고 줄 쳐가며 읽고…. 정말이지 일취월장했다. 이런 지식 세상이 있었다니….

1987년 7월. 모교 미술 교사를 거쳐 대학의 시각디자인 교수를 하며 디자이너로 활동하던 내가 갑자기 아내와 세 살 난 아들을 데리고 캐나다에 불시착한다. 그러고? 기약 없는 실업자 코스를 밟는다. (루비콘강을 건너? 이 꼴 나기 십상(十常)이다.) 근데 정말이지 사방에 눈에 뵈는 서양 문화가 모두 호기심 덩어리라 그 점은 즐겁고 유익했다. 게다가 그리스 로마 신화로 연결되는 것이 그렇게 일

세계보건기구 심벌
중앙의 지팡이는 천하 명의 아스클레피오스의 지팡이. 그걸 휘감고 있는 뱀은 지혜의 상징.

상에 많네?

그때부터 카메라를 메고 전 캐나다, 전 미국, 전 세계를 돌아다니면서 발견된 것들을 촬영하고 그 자료를 모아놓으니, 비슷한 놈들끼리는 서로서로 주파수를 주고받으며 끌어당기는 건지 하나씩 둘씩 저절로 퍼즐이 맞아 가네. 그래서 스스로 깨닫게 되는 즐거움. (그러는 5년 세월에서 훗날 밀리언셀러가 된《꼬리에 꼬리를 무는 영어》도 자연스레 잉태→출산이 됐다.)

에구, 다 쓰려면 한이 있나….

그렇게 신화 세상을 돌아다니다 보니 나는 그리스 로마 신화의 현장을 거의 죄다 가본 셈이 됐다. 그런데 거인 신 아틀라스가 죽어 자빠져서 된 산맥이라는 아틀라스산맥이 늘 마음에 걸렸다. 이건 그리스를 중심으로 한 에게해 어디도 아니고 엉뚱하게 저 혼자 그 먼 북아프리카 서쪽에 있네. 가보았다고 해도 사실 별것도 아닐 텐데….

'그러나 마음에 걸려….' 그래서?

기어이 거기도 가봤다. 그 엄청나게 긴 산맥을 고작 2박 3일 있었으니 진짜 주마간산한 격이지만 그래도 그게 어디야?

내 딴에 이렇게 해서 쓴 책이 이 책《일상이 그리스 로마 신화》다. 이번 책에서는 그리스 로마 신화 속에서 만나는 어마무시한 저항의 이야기를 풀어썼다. 그런 거다. 발전하려면 저항이 필수.

캐나다 토론토에서

한호림

←

거인신 아틀라스

제우스의 명으로 우주(지동설 이후 지구로 축소됨)를 지고 종신형을 살고 있는 아틀라스.

차례

2. 우리가 매일 굴리고 올라가는 '시시포스'의 바윗덩이

3. 제우스, 최고신이 될 수 있었던 뜻밖의 선택

5. 가이아, 뜨거운 모성애로 시작된 우주 최초의 쿠데타

6. 아프로디테(비너스)
세계 최고의 미녀로 등극한
음(淫)한 미(美)의 여신

USA $1

1
프로메테우스, 제우스를 거역하고 인간에게 불을 전해준 신

←

치솟은 GE(General Electric) 빌딩, 그 앞에 금빛으로 번쩍이는 프로메테우스 상. 록펠러 재단 의지의 심벌. 오른쪽은 미국 정부가 발행한 제우스 1달러짜리 우표. 우표 맨 아래에 Wisdom, Rockefeller Center, New York City 2008이라고 씌어 있다.

사진으로 봤던 뉴욕 록펠러 센터의 프로메테우스

초등학교 4학년 때, 미국에 있다는 록펠러 센터 사진을 처음 보았다. 1955년 당시 미군부대에서 흘러나온 잡지로 표지에 노랑 테두리가 둘러졌던 것이었으니 〈내셔널 지오그래픽〉에서 본 것일 게다. 마천루 밑에서 까마득한 위를 쳐다보고 촬영한 것이었기에 엄청 원근이 강조된 사진이었다. (어린애가 별 걸 다 알았다? 그때 벌써 장차 화가가 되겠다는 아이였으니까.) 그런데 그 빌딩 아래에는 웬 금빛으로 된, 너무 튄다 싶게 번쩍이는, 그러면서 비스듬히 누운 건지 뭐 하는 건지 싶은 커다란 남자상이 있었다. 게다가 벌거벗고 말야. 어린 마음에도 '미국이란 나라는 빌딩 앞에 별 괴상스런 걸 다 만들어 놓네….' 했었다. 좀더 보태자면 '금빛이 좀 유치한데….' 싶었지.

드디어 뉴욕에서 만나다

'뉴욕!' 하면 맨해튼. 그 맨해튼으로 출퇴근을 하

한호림이 맨해튼을 바라보는 뜻은
너무 거창한 느낌으로 말하는 느낌이 있긴 하지만, 저 안에 그리스 로마 문명이 있고 신화가 있다. 근데 동양인에게는 그냥은 잘 안 보인다. 그리스 로마 신화라는 필터를 낀 사람에겐 막 보이지…. 보여도 버글버글 보이지.

는 사람들에겐 아무것도 아닌 일상의 생활권이지만 나 같은 촌놈, 좋게 말해 소박한(?) 캐나다에 사는 사람 입장에서 맨해튼은 정말 별세계다. 허드슨강을 끼고 그 파노라마로 펼쳐진 장면, 그것부터 가슴을 뛰게 한다.

오늘 맘먹고 뉴욕에 또 온 건 프로메테우스를 우선적으로 만나 '꾹!' 촬영하려는 것. 초등학교 때 사진으로 본 그 금빛 번쩍이는 조각이 바로 프로메테우스였다는 걸 알게 된 것은 캐나다에 살게 되면서 그리스 로마 신화를 일상적으로 접하고서도 한참 후의 일이었다.

그걸 알게 된 날부터 직접 가서 반드시 촬영하리라 맘먹었다. 그러다 행동 개시! 토론토에서 운전하여 9시간 만에 닿은 뉴욕. 때는 초겨울, 그날따라 뭐 추위도 별로 느껴지지 않았다. 뉴욕은 토론토보다 800㎞나 남쪽이니 추운 나라(?) 캐나다에서 온 나로서는 별 거 아닐 수도 있다. 거기에 더하여 세계의 수도 맨해튼이라고 하는 열기가 그렇게 만들었을 것이다. 허긴 물리적으로도 저 모든 거대한 빌딩들마다 쏟아내고 있을 폐열만 해도 그게 얼마겠나?

코리아 타운이 있는 엠파이어 스테이트 빌딩에서부터 걷기 시작한다. '이제 록펠러 센터로 가서 프로메테우스를 찍는 거야.' 6번가를 북쪽으로 딱 1㎞만 걸으면 거기 있다. 미국과 캐나다가 거의 같은 문화를 가지고 있어도 여전히 캐나다 사람에게 미국은 외국, 신기한 것뿐이니까 한눈팔며 걷게 마련. 그렇게 가도 잠깐이면 도착한다. 카메라 앞세우고 걷기 시작.

프로메테우스를 알고부터 근 반세기 만에 만나는구나

록펠러 센터는 네 블럭이나 채운 복합 빌딩군(群)으로 되어 있다. 그중에는 환상적인 라디오 시티 뮤직홀도 있다. 그 중앙 광장으로 난 길로 들어선다. 마치 많이 다녀본 사람처럼 쓱쓱 잘도 찾아 걸어간다. '오늘 드디어 내가 초등학교 때 사진으로 봤던 그 장면을 내 눈으로 확인하고, 그 프로메테우스를 내 카메라로 촬영하는구나. 그간 뉴욕엘 그렇게 여러 차례 와봤음에도 이걸 여태까지 몰랐다니….'

과연 오른편에 금빛 찬란한 청년의 뒷모습이 내려다보인다. 도로보다 낮게 조성된 광장에 있어서 그렇다. 마치 우주 유영을 하는 듯한 포즈다. '오! 생각보다 거대하네. 좋게 말해서 현대적인가? 디테일이 생략된, 단순화시킨 마네킹 스타일의 조각이군.'

그러니까 록펠러 센터 빌딩군에서도 폭은 좁고 높이는 70층이나 되어 마치 하늘을 찌를 듯 보이는 GE빌딩(1933년 완공) 앞 공간에 프로메테우스가 있

록펠러 센터 GE 빌딩 앞의 Lower Plaza 아이스 링크
세상에, 세계에서 제일 바쁜 도시에서 제일 한가한 모습을 보여주네. 이런 미국, 이런 뉴욕, 이런 맨해튼 풍경. 중앙에 프로메테우스의 황금상이 보인다.

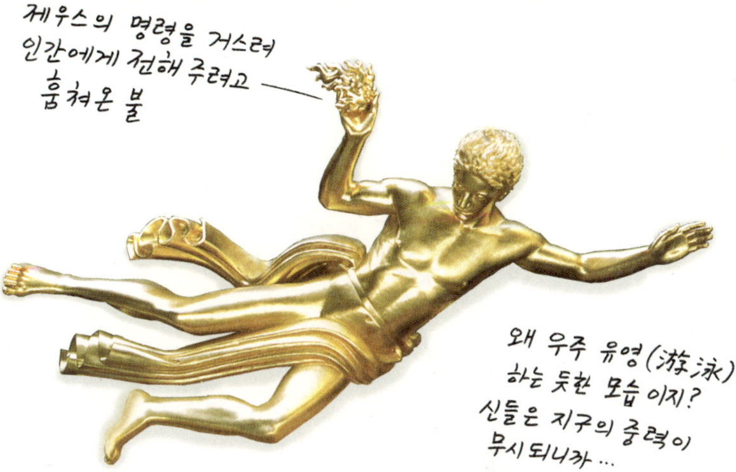

다. 그 앞마당 광장(plaza)은 미국 · 캐나다 말로 sunken plaza / lower plaza 구조로 해놨다. 서구인들은 플라자 디자인에서 주위보다 낮은 너른 공간을 만들곤 한다. 그곳에는 레스토랑이나 정원 등 아름다운 휴식 공간을 만든다. (개인 주택 안에도 거실을 'sunken' 으로 지은 집들이 있다. 한국인은 그런 구조에 익숙지 않아 무심히 쟁반 같은 걸 들고 들어오다간 '털컥!' 내려가는 바람에 발목 삐기 딱 십상이다. 나로서는 질색이다.)

이제 겨울 시작인데 여름에는 옥외 식당이었던 낮은 광장(Lower Plaza)은 벌써 아이스 링크로 바뀌

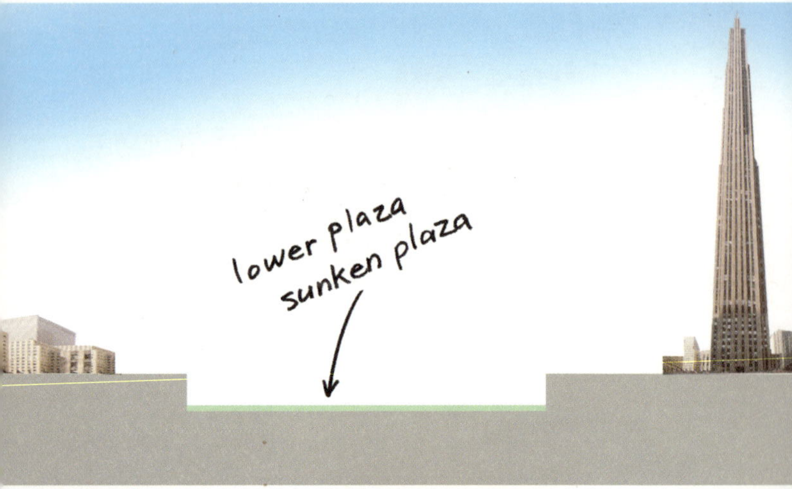

(위) 낮은 광장 lower plaza
(아래) 서양의 가정집 안의 sunken floor
보다시피 발목 부러뜨리기 딱 좋은 구조다. 그런데 왜, 그렇게 짓지?
몰라….

어져 있고, 한 백인 소녀와 남미계로 보이는 청년이 한가하게 스케이팅을 하며 놀고 있다. 이 금싸라기 땅, 바쁘게 돌아가는 세계의 수도 맨해튼의 이미지와 너무 대조적이다. 바로 그 북쪽 벽 앞에 환경 조각으로서의 프로메테우스는 계속 황금빛을 번쩍이며 있다. '그 긴 세월, 잘도 있었구나!'

프로메테우스는 왜 우주 유영하는 듯한 폼으로 있을까

황금빛으로 번쩍이는 프로메테우스는 제우스 최고신과의 정면 충돌을 각오하고 자신을 희생하면서까지 지금 마~악 인간들에게 선물을 전해주려고 하는 중이시다. 그것도 인류 최대의 선물을 주려고. 뭔 선물인데? 최고신 제우스의 관할에서 훔쳐온, 장물에 속하는 불을 들고 와 인류에게 넘겨주려는 중. 그래서 공중에서 유영하는 자세로 회전하면서 인류를 내려다보며 손짓하는 모습을 하고 있다. 오른손엔 불을 들고 왼손으로는 캐처인 인류에게 사인을 보내고 있다. "어이, 드롭 같은 테크닉도 필요 없어. 직구야, 직구! 잘 받으라고! 불씨 꺼뜨리지 말고!"

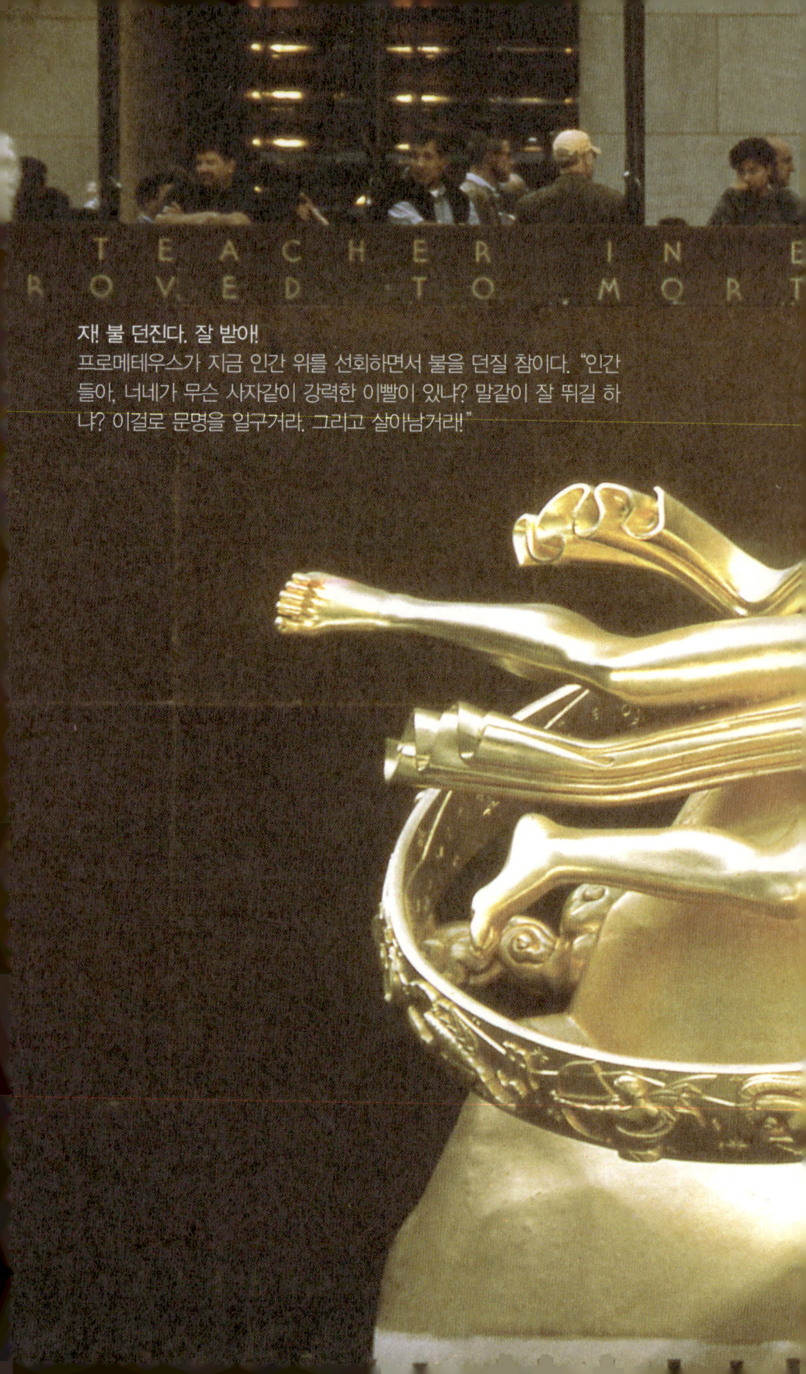

자! 불 던진다. 잘 받아!

프로메테우스가 지금 인간 위를 선회하면서 불을 던질 참이다. "인간들아, 너네가 무슨 사자같이 강력한 이빨이 있냐? 말같이 잘 뛰길 하냐? 이걸로 문명을 일구거라. 그리고 살아남거라!"

Y A R T B R O U
A M E A N S T

그를 둘러싼 탬버린같이 생긴 둥근 큰 틀은 우주를 의미하나본데? 맞네, 맞아! 앞에 가서 자세히 보니 거기 십이궁도가 부조되어 있다.

석유 왕 록펠러의 재단, 록펠러 센터. 미국 부자의 상징. 미국의 최고 부자로서 부를 일으키고 축적하는 데만 전념했던 록펠러, 나이 쉰다섯에 건강을 몽땅 잃고 죽음의 문턱에 섰다. '아, 내가 죽는구나.'

그때 그는 새삼 어렸을 때, 주일학교 다니던 때의 신앙을 기억했고 그걸 회복하는 계기가 되었다. 그리고는 그리스도 사랑 안에서 거듭 태어난다. 재단을 세워 그 엄청난 부를 아낌없이 사회로 환원시키며 위대한 자선가로서의 삶을 살기 시작한다. 쉰다섯에 죽을 줄 각오했었는데 웬걸? 그는 무려 98세까지 살며 부의 환원을 통해 미국 사회에 더 큰 이바지를 하다 세상을 떠났다. 록펠러라는 불세출의 이름과 재단을 남기고.

그런 록펠러 센터의 상징물이 그리스 신화의 인류 은인 프로메테우스다.

→
프로메테우스는 록펠러 센터의 이미지
꼭대기에 프로메테우스가 불을 들고 앉아 있고,
전수받은 불로 인해 인간의 문명들이 일어나고 있다.
금빛 부조 맨 위 오른편을 보자.
상징적으로 뉴욕 풍경이 묘사되어 있다.

NEW YORK

필라델피아 박물관 앞에도 프로메테우스?

미국 필라델피아에 가보신 분? 많을 걸? 그럼, 그 시의 시청 가까이에서 곧장 북서쪽으로 뚫린 벤저민 프랭클린 파크웨이 끝의 필라델피아 박물관(Philadelphia Museum of Art)에 가보신 분은? 꽤 있을 걸? 왕년에 유명했던 영화 '록키' 에서 무명 권투 선수 로키로 분한 실베스터 스탤론이 "짜자잔~ 짜자잔~" 하는 그 유명한 음악과 함께 로드워크 하느라고 뛰어오

르던 계단이 바로 거기에 있다. 엷은 황토색의 그리스 스타일 석조 건물이다.

볼 때마다 느끼는 건데 건물이 장중하면서도 부드러운 느낌을 준다. 동쪽 날개(wing)엔 화려하게 채색된 삼각박공(pediment)이 있고 주두(柱頭, capital)가 금빛으로 칠이 된 기둥도 있다. 석조 신전 스타일의 건물에 페인트 칠을 하다니. 그런 거 처음 봤다? 아, 그건 그 옛날 그리스 시대엔 그런 석조 건물에 채색을 했었다. 그건 그리스뿐만이 아니다. 지금은 세월에 다 지워져서 그렇지, 이집트 기자의 스

채색이 된 그리스식 석조 건물의 박공

삼각 박공 정점에 웬 사슴 두 마리? 그건, 그리스 신화의 아르테미스(달과 사냥의 여신)의 성수(聖獸, 심벌 동물)이지. 박공의 중앙은 물론 제우스 부부. 그 나머지는 상황에 따라 연출이 다르다.

필라델피아 박물관(Philadelphia Museum of Art) 정면
저기, 저 계단 앞에 뭔가 괴상하게 생긴 동상이 보이는군.

핑크스도 빨주노초파남보로 화려하게 채색이 되어 있었다. 염료가 엄청 비쌌던 당시 건축물에 채색을 한다는 것은 정말이지 사치의 극치가 아닐 수 없다. 그래서 이 박물관은 그 추억을 살려 건축물 일부에 채색을 하여 보여준다.

세계 7대 박물관과 어깨를 겨루는 이 박물관은 특

히 중세 무구(武具)로 유명하다. 미국 부호들이 세상을 떠나면서 평생 애써 수집해온 소장품을 아낌없이 기증해주었기 때문이다. 지하실에 재고가 얼마나 더 있는지는 몰라도 아마 일개 중대(?) 병력 정도는 당장이라도 중세 기사로 완전 무장시킬 수 있지 않을까 싶다. 그 정도로 들여다봐야 할 소장품들이 엄청나다.

그 박물관 정면 계단이 시작되는 곳에 '물건' 이 있다. 괴상하게 생긴 청동 조각이 바로 그것. 구상적 기법, 단순화시키면서 데포르마시옹(deformation, 과장) 기법으로 된 조형물인데 웬 헐크같이 생긴 놈이 무슨 거대한 새 같은 것의 목을 움켜쥐고 있다.

아하, 이게 누구냐? 바로 앞에 나온 록펠러 센터의 심벌인 프로메테우스시다. 록펠러 센터 앞의 프로메테우스가 제우스의 불을 훔쳐다가 인간에게 전해주는 장면이라면 그 연출의 마지막 장면은 여기다. 무슨 소린가?

인간에게 불을 전해준 프로메테우스는 제우스로부터 하극상 죄에다 명령 불복종 죄에 특수 절도죄로 혼쭐이 난다. 뒤에 자세히 이야기하겠지만 그래서 지금 필라델피아 박물관 앞에서는 프로메테우스가 제우스의 상징인 독수리를 목 졸라 죽임으로써

독수리의 목을 조르는 프로메테우스
프랑스의 조각가 자크 립시츠(Jacques Lipchitz 1891-1973)의 1944년 작품.

절대 권력에 저항하는 장면을 연출하고 있는 거다.

인류의 은인 프로메테우스

(그리스 신화에 의하면) 프로메테우스는 다른 신들과 달리 우리 인류의 직접적인 은인이다. 제우스의 명에 의해서 인간을 창조했다는 설도 있다. 그런 그는 가여운(?) 우리 인류에게 집 짓는 법, 기상관측법, 산수, 글쓰기, 목축, 조선 등 인류 문화와 정신, 지성을 가르치고 일깨워주었다. 그렇지 않고서야 정글의 법칙 속에서 인류가 살아남을 수가 없을 테니까.

한편 제우스는 인간에 대해 긍정적이 아니었다. 태어나 성장하고 언젠가는 반드시 죽는 별 볼 일 없는 존재라고 여겼다. 괜히 창조했다고 생각했다. 그런 제우스는 인간에게 비호의적이었을 뿐만 아니라 호시탐탐 인류를 없애버리려고도 했다. 그래서 '인류 종말' 구상까지 했고, 실제로 시행했었다. '요것들을 홍수로 싹 쓸어버릴까?' (대홍수 설화는 구약성서를 비롯하여 고대 중동 설화에 공통적으로 나타난다.)

(위) 인간을 창조하고 있는 프로메테우스
인간 창조에 대해서는 그리스 신화 안에서도 여러 가지 설이 있으나 우리는 프로메테우스가 만들었다고 보자. 이 작품은 피에트로 스타지(Pietro Stagi)가 1783년부터 1793까지 딱 10년 걸려 제작했다. 러시아 상트페테르부르크 에르미타주 박물관.
(아래) 조금 각도를 달리하여 본 조각 작품
원래 조각 작품은 360도 빙빙 돌며, 위에서 아래로 입체적으로 보며 감상하는 것이 원칙이지.

실제로 제우스는 홍수를 일으켜 인간을 싹쓸이 하는데, 구약 성서의 노아의 홍수와 거의 같은 구성을 보여준다. 프로메테우스의 자식 부부만 살아남은 것. (그리스 신화에서는 홍수 이야기가 별 비중이 없어서 바다의 신 포세이돈 이야기에서 또 한 번 잠깐 스쳐갈 뿐이다.)

제우스, 인간 만든 걸 후회하다

아무튼 제우스는 애초부터 인간을 그냥 무지한 동물보다는 약간 나은 상태 정도로 둬야지 불 같은 걸 다룰 줄 알게 되면 등 따습게 하고 삼겹살 구워 먹는 건 초보 단계고, 그걸 발전시켜 장차 철기 문명을 이룰 것이고, 외연 기관, 내연 기관을 거쳐 제트 엔진으로, 로켓 엔진, 원자력, 나아가 핵탄두까지도 만들어 우주를 골 아프게 할 것을 예견했다.

역시 제우스는 보는 눈이 다르다. 그래서 인간이 절대로 불을 가지지 못하게 신들에게 엄명을 내려뒀다. "인간에게 불을 주지 마라. 누구든지 그랬다간 혼날 줄 알아!"

그런데 프로메테우스는 출신 성분상으로는 퇴출

불을 훔치는 프로메테우스
얀 코시에르(Jan Crossiers 1600~1671, 벨기에)의 1637년 작품. 스페인 마드리드 프라도 국립 미술관.

제우스는 저만 잘 난 줄 알지

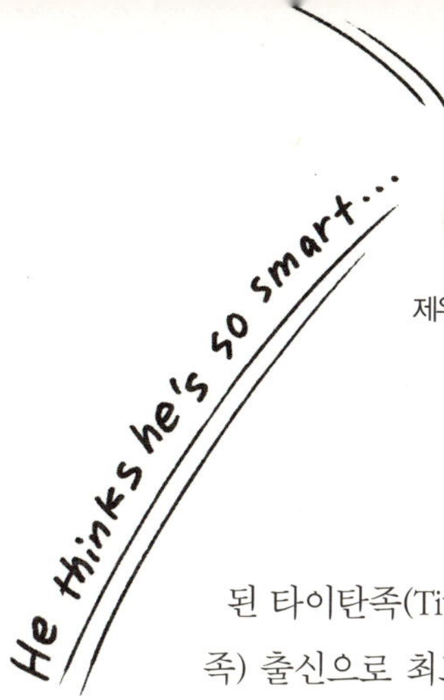

된 타이탄족(Titan: 그리스어로 티탄, 거인족) 출신으로 최고신인 제우스와 은근히 맞먹고 감히 대권에까지 도전하려고 했다. 그는 거인이다 보니 부피상 뇌가 크다 이 무슨 소린가? 두뇌로도 자기가 제우스보다 낫다고 생각했지. 그런 그는 자기가 만든 하계의 인간들이 원시 상태로 어렵게 살아가는 것을 늘 안쓰러워했다고 한다. '저것들이 불을 다루게 되면 삶의 질이 확 달라질 텐데….'

그래서 제우스의 명을 어기고 제우스의 권한 구역인 태양마차에서 불을 훔쳐다 인간에게 전해준다. (다른 데서 훔쳤다는 설도 있는데 그런 게 중요한 건 아니지.) 그 장면이 바로 뉴욕 맨해튼의 록펠러 센터 본관 GE 빌딩 앞의 황금빛 조형물의 내용이다.

하극상, 명령 불복종, 특수 절도, 산업 스파이, 이적 행위

“아이고 제우스 최고신 님! 인간들이 불을 가지고 놉니다요.”

“뭐? 어떤 놈이 갖다 줬냐?”

“프로메테우스가 훔쳐다 줬습니다!”

보고를 받고 정말 열 받은 제우스는 상투 끝까지 뚜껑이 열린다. 프로메테우스 요놈이 다른 하급 신들도 보는데 내 권위를 까뭉개고 불을 훔쳐다 인간에게 전해줬다? 요놈을 그냥! 요 얄미운 태생적 정적을 제거할 명분을 확실히 챙긴다.

불을 가지게 되면 인간은 결국 핵무기까지 개발하여 우리의 똥꼬를 찌를 것이다.

"일벌백계야, 당장 체포해 와!"

프로메테우스가 체포당할 때 구체적으로 어떻게 반항했다는 설은 듣지 못했다. 어쨌든 제우스는 당시의 실권자니까 가능했겠지. 그는 프로메테우스를 이 세상의 끝 코카서스 산꼭대기 바위에 쇠사슬로 묶어놓는다. 종신형!

그러나 그 정도 가지곤 성에 차지가 않았지. '요

←

인간이 불을 가지고 놀면 내 이럴 줄 알았다니까

불은 곧 문명. 프로메테우스가 준 불씨로 인간은 불길이 보이지 않는 불(핵)까지 발전시켜버렸네. 이러니 제우스가 신경 곤두서지 않게 됐어? 사진은 캐나다 토론토 동쪽 온타리오 호숫가에 있는 핵발전소. 다 이럴 때 쓰려고 그 위를 비행하며 촬영해뒀지.

프로메테우스가 압송되어 종신형 살러 간 곳
점선은 오늘날의 올림포스에서부터 흑해를 지나 코카서스 산정까지의 압송 경로. 지중해는 글자 그대로 대륙(地) 속의(中) 바다(海). 동쪽이 아시아 대륙으로 막힌 바다인 데다 당시의 항해술로는 흑해 정도까지가 한계였기에 코카서스는 당시 사람들이 지구의 동쪽 끝으로 생각했던 곳이다.

놈을, 매일, 죽지도 못하고 목숨만 이을 정도로 괴롭혀 줘야지.' 그래서 극한의 사디즘적 발상을 시행한다. 즉 자기의 상징 동물인 큰 독수리로 하여금 매일 가서 그 놈의 생간을 쪼아 먹게 한 거다.

그러니 프로메테우스가 당하는 그 고통은 이루 말로 표현할 수 없을 정도였지. 차라리 죽어버리면 고통에서 해방되어 영원한 안식을 찾을 텐데, 이건 그게 아니었다. 자고 나면 간은 그대로 회복되고. 그러면 또 아침부터 독수리가 달려들어 그의 가슴을 하루 종일 쪼아댔다. (간이라고도 하고 염통이라

제우스야, 날 죽일 테면 죽여보라구!

"야, 내가 너보고 살려줍쇼 할 줄 알았냐? 아니지! 결국 넌 내 손아귀에 있다는 걸 알아야 해." 거 참, 웃기지 않나? 그래, 천하의 거인신 출신 프로메테우스가 이런 정도의 쇠사슬에 결박되어 꼼짝 못하다니…. 이렇게 생각할 수도 있겠다. 그런데 신화 속의 쇠사슬은 단순 물리적인 쇠사슬과는 다르다. 대장장이 신 헤파이스토스의 신묘한 첨단 기술이 들어 있는 것이라서.

고도 하는데 그런 건 누구도 모른다. 아무렴 어떤가? 우린 '간'으로 한다.)

아프리카 탄자니아의 세계적인 응고롱고로(Nngorongoro) 국립공원에서 이런 끔찍한 장면을 관찰하면서 프로메테우스의 고통을 생각했던 적이 있다. 날개 길이가 1.5m도 넘는 크고 무서운 독수리(vulture)들이 거의 뼈만 남은 얼룩말의 시체에서 남은 살점을 뜯어먹느라고 그렇게 악착스러운 행동을 하는 거다.

그런데 그건 죽은 얼룩말이고 프로메테우스는 산

프로메테우스야, 이제라도 항복하렴
식기에 그려진 그림. 왼쪽은 프로메테우스를 협박하며 달래고 있는 제우스. 독수리에게 생간을 쪼이면서도 "일없수다!"로 버티는 프로메테우스. 지혜를 상징하는 뱀이 제우스 뒤에 있는 것도 보아두자.

16592

채로 독수리 부리에 쪼이고 살점을 뜯기고 간을 뜯겨 먹혔으니 그 고통이 어떠했겠는가? 그것도 매일같이. 제우스는 참 지독한 신이다. 단번에 죽이지도 않고 끝없이 반복되는 고통을 주고 그걸 즐기다니.

사디즘도 즐길 겸,
제우스의 잔인한 형벌 방법

제우스의 이런 잔인한 처형 방식은 로마의 처형 방식으로도 연결된다. 로마인들은 사형수를 '뎅강!' 목을 자르든지 '덜컥!' 교수형 따위로 순간에 죽이지 않았다. 그렇게 순간에 죽여주는 것은 사형

(왼쪽) 프로메테우스의 간을 쪼아 먹는 제우스의 독수리
주로 성서와 신화 이야기를 소재로 했던 프랑스 화가 귀스타브 모로(Gustave Moreau)의 1868년 작품. 대가의 작품이긴 하지만 그림으로만 보아서는 독수리가 쪼고 있는 데도 아픈 표시도 없고 그저 제우스에 대한 자기 소신으로 표정이 굳어만 보이네. 그의 발 아래에는 프로메테우스가 죽인 것일까? 죽은 독수리가 한 마리 있다.
(오른쪽) 아프리카의 무서운 독수리들(vulture)
오죽하면 이 독수리들을 자연의 장의사(nature's undertaker)라고 부를까. 악어가 먹을 만큼 먹고 버린 얼룩말 뼈다귀의 살점을 뜯어 먹고 있는 아프리카 독수리.

수에게는 주어서는 안 될 너무 큰 자비를 그냥 주는 것으로 여겼다. 그래서? 사형 절차를 나누고 시간적으로 최대한 길게 했다.

우선 구리 채찍으로 거의 죽을락 말락 할 때까지 때려 고통을 준다. 그 과정에서 살점이 찢기어 나가고 피가 튄다. 그럴 때 죄수가 지르는 비명 소리를 즐긴다. 린치를 가하는 무지한 병사들에게는 즐거운 놀이니까.

참으로 지독한 인간들이다. 그러면서 강제 동원된 시민들에게 시청각 교육을 시키는 거다. "너희들도 말 잘 들어. 까불면 이렇게 되는 거야! 알지?"

그게 역사적 기록으로는 예수가 로마 총독 빌라도로부터 사형 판결을 받은 후에 이루어진 방식이다. 영화 'The Passion of the Christ' 에서 지나칠 정도로 자세히 보여준 그대로지.

그래서 그 후 엄청난 세월이 흘러 많이 문명화된 뒤에 '자비' 의 개념으로 고안된 사형 방식이 프랑스 혁명 당시에 출현한, '기요틴' 이라고 부르는 단두대다. 즉 '자비롭게!' 순간에 '뎅겅!' 하고 목을 잘라 죽여주는 기계. 길로탱이란 사람이 그 단두대를 발명하여 그의 이름을 따서 기요틴이라고 했는데, 참 아이러니하게도 길로탱도 기요틴으로 죽었다고 한다. (기요틴을 영어로는 [길로틴]으로 발음.)

guillotine

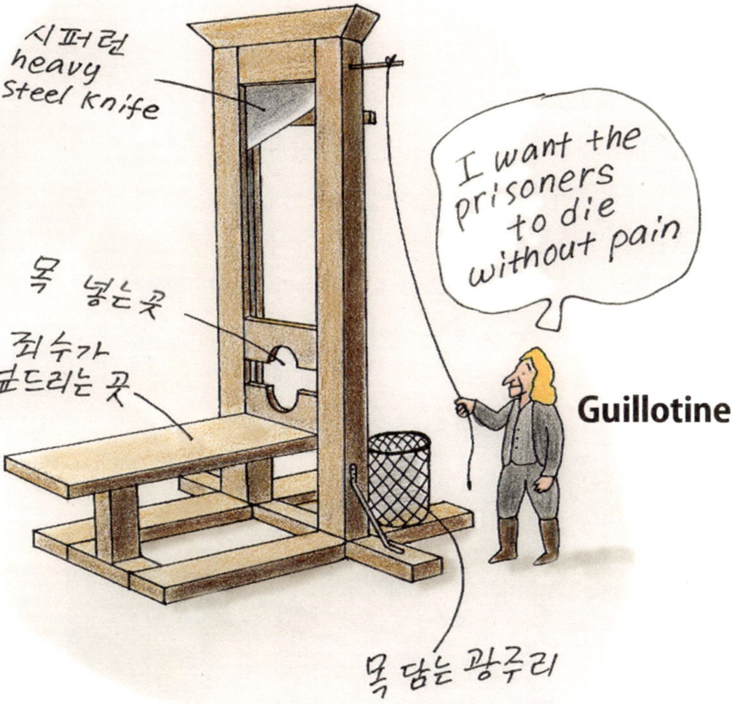
시퍼런
heavy
steel knife
목 넣는 곳
죄수가
엎드리는 곳
I want the
prisoners
to die
without pain
Guillotine
목 담는 광주리

대체 코카서스 산맥은 어디 있는데?

이 기회에 내가 대충 전체 위치를 그린 것에 더해 구글 지도로 가까이에서 내려다보자. 지도를 보면 재미도 있고 이해도 잘 된다. 보다시피 코카서스산맥은 흑해와 카스피해를 연결하듯 중간에 걸쳐 있다. 그리스와 튀르키예가 유럽과 아시아의 경계이듯이 코카서스산맥도 유럽과 아시아가 나뉘는 곳이다. 이 산맥 북쪽은 유럽 러시아이고 남쪽은 아르메니아, 아제르바이잔이다.

고대 그리스인들은 이곳을 땅의 끝으로 생각했다. 그러니까 제우스는 그런 외진 대륙 끝, 험준한

프로메테우스가 종신형 살러 간 코카서스산맥 일대 위성 사진.

산꼭대기에서 프로메테우스에게 종신형을 살게 한 거다. 누구도 면회조차 오지 못하게. 제우스가 보낸 독수리나 날아 올라와서 고 얄미운 놈의 간이나 쪼아 먹게. 게다가 높은 곳이라 사방팔방 너른 시야는 눈앞에 트여 있으니 천상과 인간계를 휙휙 이동했던 프로메테우스, 참 여러 가지로 환장할 노릇이었을 텐데 바로 그런 심리적 고통도 노렸을 것이다, 제우스는.

프로메테우스의 종신 고통을 보면서 새삼스레 보는 우리 인생

프로메테우스, 죽고 싶어도 신분이 신(神)인지라 죽어지지도 않는다. 아침에 눈이 떠졌으니 다시 제우스가 보낸 독수리에게 쪼이고, 또 하루를 살이 찢기는 고통 속에 살아야 했다. 프로메테우스의 자유는 순전히 제우스 마음먹기에 달렸는데 어쩔 건가?

근데 뒤에 나올 이야기를 살짝 힌트만 주자면 제우스는 전령신 헤르메스를 시켜 프로메테우스에게 몰래 모종의 제스처를 취한다. '우리 이러지 말고 딜을 하자, 응?' 그런데 오히려 '곤조' 피우는 쪽은

프로메테우스. "일 없수다!" 하고 고통을 택하는 형국이다. 믿는 구석이 있다는 의미 아닌가? 이런 말이 벌써 나오는 걸 보니 뒤에 나올 이야기가 감이 잡히시나? 그 이야기는 헤라클레스 편에서.

←

이 사진을 소개하면 답이 벌써 나와 버리는데…. 할 수 없지

헤라클레스가 프로메테우스의 간을 쪼아 먹는 독수리를 죽이고, 그를 묶고 있는 쇠사슬을 끊어 쳐들어 보이고 있다. "이제부터 프로메테우스는 자유다!" 오스트리아 빈의 호프부르크 왕궁 문 앞에 있는 조각 작품. 이곳엔 프로메테우스, 헤라클레스를 비롯, 아테나 여신 등 그리스 신화의 주인공들의 조각들이 여럿 서 있어 "심봤다!"

그리스 파르나소스산 중턱에서 세상을 내려다보는 프로메테우스

파르나소스산 중턱에는 그리스 신들의 신탁소로 유명한 델포이가 있다. 그곳으로 올라가는 도로에 서 있는, 반추상으로 제작된 프로메테우스 상. 오른손엔 지식의 불을 들고 있다. 그 길을 지나가는데 그 조각에서 무슨 파장 같은 게 느껴져 가까이 다가가 자세히 보았더니 바로 프로메테우스더라고.

그거 봐, 내가 뭐랬냐! 인간에게 불을 주면 요런 사고를 치게 되어 있단 말야!

어디선가 이 장면을 보고 제우스가 했을 말이다. 그건 맞다. 불! 에너지! 사진은 라이트 형제 비행 100주년을 기념하여 록펠러 센터가 우주 로켓 아틀라스 모형을 GE 빌딩 앞, 프로메테우스 황금상 뒤에 세워놓고 자축하고 있다.

2
우리가 매일 굴리고 올라가는 '시시포스'의 바윗덩이

←

나는 생각하는 고로 존재한다. (데카르트)
나는 굴리는 고로 존재한다. (시시포스)

시시포스의 산은 어디 있을까?

해군 복무 39개월, 딱 책 두 권을 가지고 있었다. 《성경》과 《그리스 로마 신화》. 틈만 나면 읽었지. 그리스 로마 신화에서 인생 철학으로는 시시포스의 이야기가 현실적으로 와닿았다. 그래서 '시시포스의 산이 도대체 그리스 어디쯤에 있나?' 뭔가 건더기가 있으니까 거기에 그 이야기를 얹었을 것 아닌가 싶었지. 그 산이 궁금했었다.

그런 산이 있기는 있는 건가? 찾아보니 아, 꼭 그 시시포스의 산은 아니지만 그 신화가 그 산을 무대로 했을지 싶은 산이 있는 거다. 그리스의 코린토스에. 그럼 코린토스는 또 어디에 있는데? 그리스 남쪽에 보면 국토의 몇 분의 일은 될 펠로폰네소스 반도가 있다. 그 반도가 본토에 매달린 지협 근처 서쪽 해안에 있다.

저 멀리 시시포스의 산이 보이네

물론 이 산 이름이 '시시포스의 산'은 아니다. 시시포스의 산은 저승에 있다고 한다. 다만 이 산은 시시포스가 늘 바라보며 살았을 산이기에 내가 그런 의미를 얹어본 거지. 시시포스의 산(?)을 보며 잠시 더 달리자 산은 성큼 다가왔다.

우선은 필자가 그린 지도로 보자.
아, 코린토스가 아테네에서 1시간이면 간다더니 정말 얼마 떨어지지 않은 곳에 있군.

아테네야 다들 아는 거고, 거기서 차를 타고 서쪽으로 1시간쯤 달리면 (다른 길은 없다) 아주 좁은 지협으로 된 펠로폰네소스 반도의 입구가 나오게 되어 있다. 운하로 그 지협을 끊는 바람에 그 큰 반도는 섬이 되어버렸지. 당연히 그 운하 위에 본토와 연결하는 다리를 놓았다. 다리를 건너 펠로폰네소스 반도로 들어선다. 들어서자마자 너른 주차장이 있어 잠시 내려 운하 구경하고…. 타이밍이 좋으면 운하로 배가 지나가는 걸 본다. 나처럼.

거기서 가던 도로를 따라 다시 약간 더 서쪽으로 가면 바로 오른편으로 펼치지는 도시, 거기서부터

가 신 · 구(新 · 舊) 코린토스다. 아테네로부터 80㎞쯤 된다. 그리고 왼쪽으로 멀리 불뚝 혼자 솟아 있는 산이 보인다. 그거 범상치 않다. 시시포스가 바위를 굴리며 오르는 상징적인 산. 나는 그 산을 왜 시시포스에 갖다 붙이나? 그건 그 유명한 시시포스라는 인간이 그냥 인간이 아니라 바로 이 코린토스 도시국가의 왕이었다는 것.

불뚝 솟은 돌 한 덩어리로 되었다는 산일 뿐, 뭐 높이 550m 정도로 별로 높지도 않은 산이다. 그런데 비슷한 높이의 산맥으로 주욱 연결되어 있지 않고 평지에 저 혼자 불뚝하니 솟아 있어 눈에 잘 띄게 마련이다. 그래서 고대 그리스인들은 시시포스의 바위 굴리기 이야기를 거기서 연상했을 듯. 저 시시포스 산의 능선을 보라. 산정을 향하여 시시포스는 바위를 밀고 굴리며 올라갔단 말이지? 다 올라가서 정점에 이르면 그 바위는 순간 굴러서 산기슭 제 위치로 가버린단 말이지?

시시포스의 산 (Acro corinth)

acro-는 뾰족한 山이란 뜻. 산 위는 비교적 평평해서 그 옛날 산성을 쌓은 것이 지금도 좋은 상태로 남아 있다. 그 아래 보이는 옛 도시의 흔적 또한 아폴로 신전이며, 그 옛날 화려했던 모습이 충분히 상상된다. 그 비싼 석재로 이렇게 바닷가까지 연결되게 도로 포장까지 해놨으니….

시시포스산이 있는 코린토스는 어떤 곳?

'코린토스(Corinthos)'는 신약성서 중 사도 바울이 쓴 《고린도 전서 · 후서》에 나오는 '코린토'다. 《고린도 전서》 13장 '사랑 장'은 기독교인이 아니더라도 많이들 들어봤지 않나? 그게 지명인지 뭔지 몰랐을 뿐 익히 들어왔던 지명 코린토. 그게 코린토스다. 이 도시는 그리스 남북 육상 교통의 요지인 동시에 서쪽의 이오니아해와 동쪽의 에게해를 잇는(그 양쪽 사이에 8km 정도 되는 아주 짧은 지협이 있었음) 해상 교통의 요지.

그래서 무역으로 물자와 돈이 넘쳐흐르던 도시였다. 어느 도시고 돈이 왕왕 굴러다니면? 전 세계 인간들이 몰려들어 미어터진다. 그렇게 되면? 으레 환락 사업이 판을 친다. 환락에 필수는? 술과 여자. 선원들은 모두 한창 젊은 나이에 장기 항해로 억지 금욕에 시달릴 대로 시달린 상태로 상륙하니까 그것에 환장들을 했지.

게다가 당시야 무슨 윤락 행위 방지법 같은 게 있던 시절도 아니고 도덕도 지금과는 큰 차이가 있었으니까. 그러니 세계 각국의 몸 파는 여자들이 다

사우나, 목욕탕, 기타(?) 시설이 있던 곳
그 기타 사업이 얼마나 인정받고 세금 수익 등 가치가 있는 것이었으면 이런 시설을 만들었을까? 앞에 있는 풀 같은 것이 공중 목욕탕.

몰려와서 진을 치고 영업을 했지. 그런데 무슨 시시한 개인 주택 같은 데서 영업을 한 게 아니라 지금 보기에도 최고급 시설, 엄청난 건축비로 건축된 호화 석조 빌딩에서 했다. 첨단 증기탕이라든가 목욕탕까지도 갖추어져 있었는데, 그 유적이 지금도 남아 당시의 환락 사업이 '이 정도였다'는 것을 보여준다. 허긴 코린토스만 그랬던 게 아니다. 이탈리아의 폼페이도 그랬고, 튀르키예의 에페소스도 그랬고…. 아니, 전체가 다 그랬지. 사진을 보시라.

그런 부도덕하고 음란한 환경인 코린토스에는

통 속의 철학자 디오게네스

요즘 와서 그려진 그림이긴 하지만… 우선 이렇게 젊은 여성들에게 인기(?)와 관심을 끌었다면 도 닦기 어려웠을 텐데…. 디오게네스 앞에는 구리 제품에 유리(?)까지 끼워 만들어진 상징적인 등불이 놓여 있다. 당시 구리가 얼마나 비싼 거였는데…. 유리는 보석에 준했는데…. 당시 통 속의 철학자가 이런 초고가 명품을 소유할 수 있었단 말인가? 무엇보다도 그런 걸 소유할 디오게네스의 철학이 아니었을 텐데….

운하 파는 작업에 동원되어왔던 유태인들도 많이 살았다. 그러니 이곳에서 새로운 그리스도의 복음을 전하던 사도 바울은 《고린도 전・후서》를 통하여 음란과 타락을 경계하고 경건한 삶을 촉구했던 것.

하나 더 특기할 것이 있다. 여기가 그 유명한 술통 속의 철학자 디오게네스의 고향이라는 것. 단순한 호기심에 그를 보러 찾아온 알렉산더 대왕이 "뭘 도와드릴까?" 하고 호기를 부려 보이자 "쓸데없는 말 그만하고 햇볕이나 가리지 말고 비켜줘." 했다는 사람. 일부러 대낮에 등불을 들고 다녀 그걸 본 사람들로 하여금 "왜, 대낮에 등불은 들고 다니시죠?" 하는 질문을 하게 만든 다음, "진리가 어디 떨어져 있는지 찾으려고 그런다."라고 일갈했다는 철인. 먼저 무지한 대중의 관심을 끈 다음 깨우치게 하기 위한 의도적인 생쇼였지.

인간을 대표한 자존심으로 신들에게 대항해 보인 시시포스

코린토스 왕 시시포스는 머리가 비상했다고 한다. 더욱이 시시포스는 왕실에서 자랐으니 개인교수를 받았을 터. 게다가 머리까지 좋았다니 단연 뛰어난 인간일 수밖에. 자존심도 강했을 듯. 신들의 일방적인 권위에 대한 저항심리 같은 게 있었다. 인간을 우습게 알고 좌지우지하는 신들에 대해 "뭔데?" 그래서 감히 신들 앞에서 삐딱선을 택한다.

시시포스, 교활하다고도 하나 내가 보기엔 용기 있는 사람이다. 그는 뻔히 혼날 줄 알면서도 최고신 제우스의 코털을 뽑는 짓을 한다. 정의감과 의협심도 많았고 인간을, 자기의 시민을 사랑해서 그랬을 것으로 보이는데…. 즉 이런 상황에서 이렇게 행동했다.

어느 날 시시포스는 제우스가 하신(河神, 강의 신) 아소포스의 딸을 납치하는 걸 목격한다. 그 하신에게는 2남 20녀가 있었는데 그중 딸 넷이 모두 못된 신들에게 납치되어갔다. 하나는 아폴로 신이 채갔고, 둘은 포세이돈이 채어다가 첩을 삼았고, 또 하나는 제우스가 납치했다.

최고 권력자가 그런 짓 좀 했을 경우 짐짓 못 본 체하는 법인데, 그래서 다른 신들은 다들 알면서도 못 본 체하고들 있는데, 그런 제우스의 파렴치한 행동을 목격한 시시포스는 그걸 못 참았다. "제우스가 최고신이면 다야?" 이런 식이다.

그는 그런 경험을 즉각적으로 잘 이용하여 국가와 국민을 위해 써먹을 생각을 한다. 어떻게? 유괴

시시포스 때문에 열 받은 제우스
"아니, 인간 주제에 신들께서 좀 노시는데 감히?"

당한 딸을 찾아 헤매고 다니는 하신을 만나 협상을 한다. "어떤 놈이 당신 딸을 유괴했는지 가르쳐줄게, 대신 우리나라에 크고 좋은 샘물 하나를 분양해 주시겠소? 아주 좋은 물이 콸콸 나오는 걸로." 코린토스는 순 돌밭 지대라 물이 아주 귀했다. 어떤 지역에 도시국가가 형성되느냐 마느냐 하는 것은 순전히 샘물에 달렸던 시대였지. 사랑하는 딸을 찾고 싶은 하신으로선 그깟 샘물 하나 분양해주는 게 문젠가? 가진 거라곤 물(비싼 거지만)밖에 없는데. "OK, 당장 해줄게!" 제깍 실행→ 샘물 설치→ 맑은 물 펑펑→ 오늘까지도 '펑펑' 나온다.

시시포스는 인간 대표로 용감했다

시시포스로부터 딸 유괴범이 어떤 놈인지 정보를 들은 하신은 올림포스의 제우스에게 가서 "얼렁 내 딸 내놓으시오!' 하고 따졌겠다. "아니, 이딴 하급 신 따위가 감히 여기가 어디라고?" 똥 싼 놈이 성낸다고 제우스는 노발대발. 벼락은 그럴 때 쓰라는 게 아닌데 그걸로 하신을 겁주어 쫓아버렸다. 하마터면 감전되어 즉사할 뻔했지.

그러고 나서도 제우스로서는 생각하면 할수록 시시포스가 괘씸하다. '인간 주제에… 요놈이… 겁이 없어. 죽여버려야지.' 당장 하데스에게 전통을 때린다. "아, 하데스 형? 나, 제우스요. 당장 저승사자 보내서 시시포스 좀 잡아가주소." 하데스로서야 뭐, 최고신 제우스 부탁이겠다, 게다가 자기로선 저승 인구 하나 불어나는 일인데 "좋지!". 당장 저승사자 파견이다.

근데 워낙 머리가 비상한 시시포스는 벌써 일이 이렇게 될 줄 알고 있었다. 또 한 번 신들을 물먹인다. 자기를 잡으러 온, 일반인 눈에는 보이지도 않는 저승사자를 어떻게 속여서 잡아가두었는지 구체적인 방법은 모르겠으나 그렇게 했다.

자, 이렇게 되니 갑자기 저승사자의 업무가 중단됐다. 그러니 세상에 죽는 사람이 없어진다. 태어나기는 하는데. 한마디로 산 자와 죽은 자의 대차대조표가 맞지 않게 되었다. 이러니 제우스는 더 노발대발에 약이 올라 미칠 노릇이다. 원래 상대도 안 되는 쫄따구가 약을 올리면 더 성질나잖아? '내가 우주의 최고신인데 내 우주의 질서를 하찮은 인간 시시포스란 놈이 깨놓다니….' 당장 군신 아레스(로마 신화의 마르스, 전쟁의 신)를 시켜 시시포스를 제압하고 저승사자를 구출하게 한다.

참으로 스타일 구긴 저승사자. 구출되기가 무섭게 당장 시시포스부터 저승으로 잡아갈 수밖에. 시시포스는 그럴 줄 알았기에 또 미리 수를 써놨다. 아내에게 자기 장례식을 치르지 말 것과 시신을 묻지 말라고 당부해뒀단다. 컴백할 때 육신이 필요하다 이 소리지. (여기에도 복잡한 얘기가 있는데 그건 생략.)

저승왕도 속여먹은 시시포스

저승에 가서도 겁도 없는 '깡生깡死' 시시포스, 하데스(로마 신화의 플루토) 저승 왕과 당당히 협상을 한다. "당신도 왕이지만 나도 인간계 코린토스의 왕 아니요? 이거 왕끼리 너무 그러지 맙시다. 전관예우를 제대로 합시다요. 내가 국장을 치를 새도 없이 저승에 왔으니 이승에 다시 올라가서 장례 치르고 반드시 돌아오겠소." 하고 사기를 친다.

한 번 간 저승에서 다시 이승으로 가겠다니 그런 말도 안 되는 요구가 어떻게 통했는지…. 워낙 교활한 시시포스니까 가능했을 거다. 저승 신 하데스도 이런 시시포스의 기에 눌렸던지 시시포스는 그리스 신화 전체를 통하여 저승에 갔다가 다시 이승으로 돌아온 몇 안 되는 인간으로 기록된다.

다시 이승으로 돌아온 시시포스. 약속 좋아하네? 어떻게 올라온 이승인데 미쳤다고 저승으로 다시 돌아가? 게다가 "내가 누구야? 시시포스야." 그는 오히려 잘 먹고 잘 살아 장수까지 하다가… 결국은 인간의 한계로 늙어 죽었다. 그동안은 워낙 막가파로 나오니까 신들도 어쩌지 못했던 모양이다.

이런 왕국을 두고 저승에 가기는 정말 싫었을걸
옛 항구였던 올드 코린토스의 유적에서 바라보는 시시포스의 상징적인 산. 당시의 포장도로의 구조와 규모가 보인다. 그간 보아온 중에도 이건 최고급 고대 하이웨이다. 마차 왕복 4차선은 충분히 되겠다. 그러나 이런 고급 길은 구간도 짧고 특별한 지역에 한했지, 어디나 그랬던 건 아니다.

그런 시시포스를 열 받으며 지켜본 대신(大神) 제우스. 시시포스가 이젠 진짜 죽었으니 저승에서도 영원히 고생하도록 특별 맞춤형 형벌을 내린다. 즉 이제는 우리가 대부분 다 아는 이야기, 시시포스의 바위 굴려 오르기 형벌이다. 바로 그 상징적인

가까이 본 아크로 코린스
저 험한 바위산에 성벽을 쌓아놓았는데, 아니 물은 어디 가서 구해다 마실 건가? 그러니 시시포스가 유괴당한 딸을 찾아 헤매고 다니는 하신(河神)을 만나 협상을 할 때 펑펑 나오는 샘물을 요구했던 거지.

산이 코린토스에 있다는 거고 우리가 지금 사진으로 본 바위산이다.

동서양이 같은 마음 '틈새 자비'

나는 시시포스가 참 귀엽(?)다. 그러나 신들의 왕초 제우스에게는 미운털이 박혀도 단단히 박힌 시시포스, 정말 고단하게 됐다. 기를 쓰고 산꼭대기까지 굴리고 올려간 바위는 그 정점의 순간 그대로 아래로 굴러떨어져버린다. 그러면 그걸 또 밀고 올라가야 한다. 그러면 또 정점에서 굴러떨어져 내려오고, 또 굴려 올라가고, 또 굴러떨어져 저 아래, 원위치로 가버린다. 그래도 시시포스는 또 밑에서부터 다시 굴리고 올라가야 한다. 쉼 없는 무한 고통이다. 불가(佛家)에서 말하는 억겁은 길다 해도 그래도 끝이나 있지.

그런데 그리스 신화는 그런 지옥에서도 그 어떤 '틈새 자비'를 보여준다. 여기서 오르페우스(Orpheus / Orfeas)라는 반신반인(半神半人) 좀 잠깐 나오라고 해야겠다. 그의 주특기는 노래와 리라 켜기. 그의 음악은 산천초목까지 감동을 먹는다고 한다.

현악기의 여신 칼리오페
러시아 상트페테르부르크 겨울 궁전에서 촬영.

그가 그렇게 음악에 귀재가 된 것은 다 혈통 내력. 아버지는 인간 임금이지만(음악과는 무관) 어머니는 음악 · 학예를 관장하는 9자매로 구성된 여신 뮤즈 중에 막내요, 현악기의 여신 칼리오이시다.(서사시를 맡고 있기도 하다.) 그러니까 오르페

오르페우스의 환상적인 연주

온갖 동물들이 몰려와 그의 리라 연주를 듣고 있는 테라코다 투조(透彫). 잘 보시라. 맨 위에는 제우스의 성조 독수리가, 오른쪽 황금 리라 위에는 아테나 여신의 성조 올빼미가, 그리고 리라 아래에는 달과 사냥의 여신 아르테미스의 성조 사슴이 있다.

우스는 혈통적으로는 반신반인이다. 음, 음악의 신 아폴로가 어여쁜 칼리오페를 건드려 오르페우스를 낳았다는 설도 있다. (그랬다간 大神 제우스한테 혼났을 텐데….) 아무려나, 누가 맞는지도 모를 소리를 가지고 우리가 왈가왈부하면 뭘 하겠나? 우린 그냥 오르페우스의 등장만 필요하다. 그것도 아주 잠깐.

지옥의 고통을 잠시나마 멋게 해주는 음악

어머니로부터 특별 개인 레슨을 받은 오르페우스. 그가 켜는 황금 리라는 아폴로 신의 것이라는데, 오르페우스가 노래를 부르고 리라를 켜는 동안에 한해서는 온갖 지옥의 고통도 잠시 스톱된다는 것. 왜냐, 고요한 숲속에서 오르페우스가 리라를 켜면서 노래를 부르면 뭇나무와 짐승이, 산비탈의 바위까지도 모두 그의 노래에 귀를 기울였단다, 춤을 췄단다. 그런 정도니 먼 지하 세계의 시시포스의 바위도 그의 노래를 듣고 싶어하지. 그러려면 더더욱 귀를 기울여야 한다. 그러자니 바위덩이가 그 자리에 딱 멈춰 서 있어야 한다. 그러니까 그런 틈에 시시

이 범종 소리가 울리는 동안에는 지옥에도 휴식이 있으라
이 소리로 지옥 중생들이 잠시 쉼을 얻는다면야 힘차게 쳐주고 싶다. 모국을 방문한 필자의 아들이 서울 봉은사에 갔다가 '찰칵.'

포스도 비로소 잠시나마 바위에서 손을 떼고 쉴 수 있었고, 그에 더하여 그 괴로운 중에도 오르페우스의 음악을 들을 수 있었다. 지옥에서 천상의 소리를 듣는 거다. "아~ 옛날이여~. 나, 시시포스도 한때는 좋았지…."

같은 맥락의 불교의 틈새 자비가 생각난다

우리가 다 아는 '은혜 갚은 까치' 이야기가 바로 그건데 기본적으로 불교 사상을 바탕으로 한 이야기다. 남편의 원수를 갚겠다고 자기 남편을 죽인 선비를 칭칭 감은 암구렁이가 선비를 살려주는 조건으로 왜 뒷산 절의 종을 울려달라고 했을까?

그래서 까치들이 선비에게 은혜를 갚겠다고 머리가 깨지도록 뒷산 절의 종을 쳤다는데 그런 배경은 뭔가? 절에 있는 범종들은 소리가 아름답고, 기능적으로는 시간을 알리고, 조형적으로도 아름답다.

그러나 그런 것은 외형적인 것이고 거기엔 보다 깊은 또 다른 의미가 들어 있다. 범종은 단순히 시간만 알리려고 울리는 게 아니다. 그 종소리가 울려 퍼지는 동안에는 온갖 지옥의 중생들이 받고 있는 고통에서 잠시나마 쉼을 얻는다는 거다. 시뻘겋게 단 부지깽이로 혓바닥을 뽑히다가도 '잠깐!' 쉬게 될 일이요, 지옥불 속에서 "나 죽어~" 하다가도 잠시 쉬게 된다. 게다가 또 보너스가 있는데… 그 범종 소리 듣기는 일테면 '마일리지 적립' 같은 시스

템으로 되어 있다는 것. 그래서 그 종소리를 듣는 횟수가 쌓이고 쌓이면 또한 자기 생에서 지은 악업이 조금씩 조금씩 소멸되는 효력이 있다고 한다. 물론 말도 못하는 긴 억겁의 세월이 소요될 이야기이긴 하지만 그래도 줄어든다는 것.

그래서 동양의 범종은 "딩~, 디~잉잉~ 디~잉잉~" 하는 긴 파장의 저음 소리를 내게 되어 있다. 전파고 음파고 색의 파장이고 간에 파장이 길어야 멀리 간다는 걸 선인들이 알았던 거다. '범종은 장파장을 소리 나게 해야 한다!' 그래야 지옥이 어디 있든 간에, 일단 먼데 있다고 치고, 그 먼 지옥까지 그 종소리가 가든지 할 것 아닌가?

시시포스의 바위는
오늘을 사는 우리의 이야기

오늘날 TV 연속극 작가들이 매일같이 창작해내는 극본 속에는 우리네 인생이 그대로 투영되어 있듯이 작가들의 생각은 예나 지금이나 다 같아서 그리스 신화 작가들도 그랬다. 그들은 요즘 작가들같이 컴퓨터 키보드로 작업을 하지 않았을 뿐이지 대신 '컴퓨터 두뇌'로 우리 인생을 이야기로 꾸며 무대에 올렸을 터다. 그러니 그리스 신화는 우리네 인생과 100% 맞아떨어지는 게 당연지사. 그런 걸 알면서도 속으론 여전히 신기하지…. 그래서 그리스 신화를 읽는 묘미가 있다.

저 시시포스의 산이 우리들 인생을 보여준다

저런 능선을 따라 시시포스는 무거운 바위를 굴리며 올랐다 이거지. 참 갖다 붙이기도 잘도 갖다 붙였다. 말이 되거든. 앞에 보이는 신전은 아폴로 신전. 이 사진에 대해 한 지인 왈, 이건 아폴로 신전이 아니라 제우스 신전이었어야 재미있었을 거란다. 그래야 시시포스가 바위 굴려 올리느라고 고생 고생하는 걸 보고 계속 즐거웠을 것 아니냐고. 말 되네. 근데 실제로 유적만 남긴 했지만 제우스의 신전도 거기 있긴 있었다. 제우스가 누군데?

이건 나만의 생각인데…

겸재 정선(鄭敾, 1676~1759)의 인왕제색도(仁王霽色圖)를 볼 때마다 실제로 인왕산의 그 부분을 볼 때마다 나는 코린토스에서 본 시시포스의 산이 연상되거든. 시시포스가 연상된다.

3
제우스, 최고신이 될 수 있었던 뜻밖의 선택

←

파리 루브르 박물관에서 만난 제우스

위엄 있어 보인다. 제우스도 어쩌다가 거저 우주의 대신(大神)이 된 게 아니다. 그가 '대신 제우스'가 되기까지 험난한 길을 거쳤고, 결단했고, 모험했고, 승리했고, 그래서 쟁취했다. 즉 '거저는 없었다.'

제우스를 먼저 쓸까? 나중에 쓸까

쓰고 싶고, 써야 할 그리스 신들은 정말이지 머릿속에서 와글대고 있었다. 그것도 그리스 우주 창조 때의 '혼돈'(chaos)일까? 좀 뭣한 표현이지만 넘쳐흘러나온 물로 바닥이 질펀한 활어 횟집의 대형 어항 속에서 돌아다니고 있는 활어들을 연상해보시라. 그렇게 쓰고 싶고 써야 할 신들이 와글거린다.

물론 그 많은 신들을 다 다룰 필요야 없지. 그럴 수도 없고. 그래서 글로벌 시대의 대화에 딱 필요한, 비중 큰 신들 중에서도 우선 내가 독자와 같이 알고 싶은, 맘에 드는 신, 글로벌 시대에 수시로 만나지는 신들부터 한 신, 한 신 뜰채로 건져내 도마에 올려놓듯 쓰기 시작했던 거다. 주역과 조역을 조정하여 섞어 가며. 그래야 재미도 있지?

그런데 최고신 제우스가 왜 이제야 나올까? 그건 그야말로 '엿장수 마음대로'라 그렇다. 난 제우스보다는 아주 하급신도 못 되는 판 신(반은 인간이고 반은 염소로, 제우스의 전령신 헤르메스가 트로이 전쟁에 사령관으로 원정 간 오디세우스의 아내를 덮쳐서 낳은 신, 《일상이 그리스 로마 신화, 신들의 관

계》 참조) 이야기가 재미있었다. 그렇다고 재미 순서로 넣은 것도 아니다. 하여간 엿장수 마음대로다.

황금 어장은 제우스인데

누가 봐도 올림포스 황금 어장의 황금어(魚)는 제우스다. 그런데도 그 황금어만큼은 제 발로 뜰채 속으로 들어와도 되레 흔들어 내보내고 도망 다니는 다른 놈을 건져 올려 도마에 올려놓곤 했다. 즉

최고신이자 창조 신화에 절대적인 거물, 제우스
미국 뉴욕 록펠러 센터 GE 빌딩 외벽에서 촬영.

크레타 섬의 라비린토스(labyrinthos, 미궁)가 있었다는 곳
크노소스(Knossos/Cnossos) 궁전 지하에 있었다고 한다. 근데 여기 어디쯤에 그런 거대하고 복잡한 미로가 있었다는 걸까? 그 미궁 속에 마구 사람을 잡아먹는 황소 괴물 미노타우로스가 살았다는 걸까? 물론 너무 따지면 안 되지만 말야. (미노타우로스는 이 책 시리즈에 끼워주지도 않았으니 호기심 있는 분은 각자 검색하여 보시라.)

제우스에 대해 쓰는 일은 자꾸 뒤로 밀려지데. '쓰긴 써야겠는데….'

제우스는 최고신이고 창조 신화에 절대적인 거물이지만, 천지 창조가 끝나고 안정된 후에는 오히려 다른 신들이 출연하는 무대에 약방의 감초같이 (물론 감초는 중요한 약재지. 좀 체신머리 떨어지는 표현이지만) 여기저기에 출연한다.

그러니 제우스 이야기를 새삼 따로 쓰기에는 신선함이 떨어지고, 그렇다고 해서 중복을 피하겠다고 다른 신 이야기에서 제우스와 관련된 걸 죄다 뺄 수도 없다. 그러면 또 이야기가 되질 않는다.

그런 데다가 제우스는 그 성격상 그냥 덜컥 무대에 올릴 수도 없게 되어 있다. 그러려면 순서상 천지 창조 이야기를 먼저 쓴 다음에 올려야 되는데 문제는 천지창조 이야기가 사실 좀 별로다. 쥐어짜도 엉성하기 짝이 없다. 그런 데다 출연자들과 갈래는 어찌나 많고 미로(迷路, labyrinthos, 그리스 신화에서 나오는 크레타섬에 있는, 미로가 있는 건물)같이 복잡한지. 그런 걸 알아서 뭣에 쓸 건가? 게다가 그리스 이름들이 좀 생경스럽고 길어? 그래서 제우스는 '파격으로 아예 빼버릴까?' 하는 (말도 안 되는) 생각을 먹어본 적도 있었다. 그만큼 '제우스'는 화두였다.

드디어 오늘 대단한 결심을 했다. "에라, 오늘은 제우스야. 머릿속에 늘 숙제로 있다는 것도 부담돼. 그래, 오늘부터 제우스에게 몰입하는 거지. 그에 앞서 천지 창조 이야기가 필수라면 뭐, 좋아, 그것도 얼른 지나가자. 그리고 제우스를 만나는 거지 뭐."

자, 이제 변죽은 그만, 정말 천지 창조 현장으로 간다.

"Big Bang!"

우주 1세대 우라노스를 쿠데타로 축출하고, 그의 아들 크로노스가 정권을 잡은 2세대부터 제우스의 출현으로 시작해야겠다. 그 결과 제우스는 우주 3세대의 패권을 잡았으니까.

크로노스, 넌들 무사할 줄 아냐

아닌 게 아니라 이번에는 크로노스가 역시 아들 손에 당할 차례가 진행되고 있다. 뭔 일이냐고? 신화의 초장부터 나오는, 아주 틀에 짜여진 이야기가 있지 않은가. 툭하면 이런 예언이 내려지지. "장차 태어나는 네 아들이 너를 죽이고 왕위에 오르리라."

크로노스에게 바로 이런 예언이 떨어진 거다. 그것 참 이상하다. 이제 혼돈(chaos)에서 질서(cosmos)로 우주가 형성되어가는 초창기인데, 어느새 누구, 그런 보직을 가진 신이 있어서 이런, 크로노스도 피하지 못하는 절대 예언을 하고 그 예언대로 시행하여 남의 운명을 끝까지 추적, 운영하는 절대 파워가

제우스 두상

부리부리한 눈으로 우주를 내려다보고 있는 형상이다. 토론토 ROM(Royal Ontario Museum)에서 촬영. 토론토에 오실 여러분에게 이 박물관을 '강추' 한다. 세계 7대 박물관에 들어갈락 말락하는 박물관인데, 특히 중국 유물, 이집트 유물로 유명하다. 좀 빈약하지만 한국관도 있다.

또 있더란 말이지.

그러나 알고 보면 그동안은 창세의 혼돈(chaos)에서 질서(cosmos) 쪽으로 벌써 꽤 자리가 잡혀가는 중이었다. 즉 신화와 인간사 적재적소에 필요한 요원(?)들이 신들의 결합에 의해 속속 태어나고 있었던 것.

우주 파워 1세대의 우라노스가 아들 크로노스에게 생식기를 잘려서 난리법석이 났을 때 그 땅바닥에 떨어진 우라노스의 물건에서 흘러나온 피에서 복수의 3여신도 생겨났다. 아들에 대한 우라노스의 복수심이 그런 3여신을 생겨나게 한 건지 누가 아나?

또 아버지를 거세하느라고 제우스가 태어난다

그런 무서운 예언을 듣긴 했지만 한창 왕성할 나이의 크로노스, 죽으면 죽었지 수도승같이 금욕하고 그렇게는 못살겠다 이거지. 그 점은 왕성했던 아버지 우라노스의 유전자를 이어받아서 그랬겠지. 오히려 아내 레아와 부부 생활을 더 열심히 하니 아기는 줄줄이 태어난다. 이런 순서다. 훗날 화로(아궁이, 불)의 여신이 된 헤스티아, 대지의 여신이 된 데메테르, 그리고 최고신 제우스의 아내가 된 헤라. 우선 모두 딸들 아냐? 그럼, 딸들이야 뭐, 괜찮겠지, 하지 않았을까?

그런데도 크로노스는 이런 생각을 했나보다. '아냐, 요것들이 제 서방들과 짜고 단체로 나에게 덤빌 우려가 있지.' 딸이고 뭐고 태어나자마자 아예 몽땅 삼켜 뱃속에 넣어버린다. 그러다가 네 번째엔 정말 아들이 나왔네. 그게 훗날 저승의 신이 된 하데스다. 그러자 크로노스 하는 짓 보게. '바로 요놈이 나를 축출하고 장차 왕이 되기 위해 나왔단 말이지?' '그건 안 되지!' 얼른 갓난 것을 삼켜버린다. 그 다음 번째도 아들, '기어이 나를 죽이겠다고 또 나왔다 이거지?' 훗날 바다의 신이 된 포세이돈이다. 그걸 또 삼켜버린다.

이런 땐 확실히 무자식이 상팔자다. 무자식이 무근심이다 이거지. 그래서 삼녀이남(三女二男)이 모두 세상 빛 한 줌 볼 새 없이 캄캄한 크로노스의 뱃속으로 들어갔다. 그나마 씹지 않고 삼킨 게 다행인데 아마 그래도 자식인데 자식을 씹어 먹는 일만은 차마 못할 짓이란 생각에 그랬을 거다. 그냥 삼켜버려 자기 뱃속에 영원히 감금시켜두려고 했던 것이

이런 왕궁의 지하 감방 입구는 크로노스의 아가리가 아닐까

필자의 제 맘대로 상상력 동원이다. 독일의 뉘른베르크, 그 도시 중앙에 중세 성이 있다. 그 안에 신성로마제국의 황제들이 기거했었다는 화려한 궁전이 있어 들어가봤다. 그런데 로비 한쪽에 보니 요런 요상한 입구가 있네? 물어보니 주로 정적들을 지하에 처넣는 감옥 문이었더군.

그걸 보고 나는 '아, 이게 바로 크로노스의 아가리로구나…' 하는 생각이 들었다. 정적들을 멀리 별도로 지은 감옥에 가둬놓고 행여 도망가지나 않을까 하는 불안한 심정으로 신경 쓸 필요도 없게 자기가 있는 궁전의 지하 감방에 집어넣어 (삼켜) 놓으면 궁중이라 항상 경호에 싸여 있는데 정적들이 탈출할 방도가 없지. '제깐놈들이 어딜 도망가?'

다. 제 뱃속에 넣고 다니니 탈출은 절대 불가! 그러니 감시에 신경 쓸 필요도 없다.

중세기 유럽의 왕들이 자기들은 경호원에 둘러싸여 호의호식하면서 정적들을 하필이면 왜 자기의 왕궁 지하 감방에 가두어두었을까? 그렇게 해놓으면 감시가 용이했거든. 그게 크로노스의 경우 자기 뱃속이다. 그런데 씹어 먹지 않은 게 결국 다 화근이 되지. 신탁이 빗나가는 거 봤나?

제우스의 탄생 비화

아무튼 자식을 낳는 족족 남편 크로노스가 모두 삼켜버리니 엄마 레아는 미칠 지경이 됐다. 그 옛날 시어머니 가이아와 똑같은 팔자가 됐으니, 시어머니 심정도 그때는 이해됐을 테지. 그래서 여섯 번째로 제우스를 낳았을 때 죽지 않으면 까무러치기로 모험을 건다. 낳자마자 아이를 빼돌려 숨겨놓고 대신 얼른 돌멩이를 강보에 싸서 식인종 남편에게 주었다. "자, 식기 전에 드세요."

크로노스도 참 그렇다. 아기 대신 돌멩이를 강보에 싸서 준 걸 받았을 때 그게 무게 차이가 꽤 컸지 않았을까? '무슨 갓난아기가 이렇게 무겁지?' 생각도 안 했던 모양이다. (그래서 신화지.) 그나저나 그걸 크로노스가 "아드득!" 씹어 먹었더라면 이빨이 왕창 나가면서 당장 들통났겠지만, 크로노스는 그나마 부성애(?)로 자식들을 절대로 씹지 않고 삼키기만 했으니까 이번에도 발각되지 않고 넘어갔다.

이래서 제우스는 엄마 레아가 숨겨준 크레타섬의 동굴에서 염소젖을 먹고 님프들의 양육을 받으며 아버지 크로노스 몰래 자라날 수 있었던 것. 이게 제우스의 탄생 비화다. "자, 제우스가 몰래 자라기 시작했으니 이제 크로노스, 넌 큰일은 이미 난 거야."

하여간 그리스 신화에서는 염소란 놈이 자주 나와

참, 아기 제우스에게 염소젖을 먹여 길렀다고 했지? 그리스 어디나 염소가 흔하지만 그래도 다른 섬도 아니고 크레타섬에서 만난 염소 떼를 본 나의 느낌은 묘했다. 어스름해지는 저녁이었는데 어디선가 기묘한 방울(워낭) 소리 같은 것이 끊어질듯 말듯,

제우스의 홈그라운드 크레타섬의 저녁, 그리고 돌아오는 염소들
방울들의 합주 소리, 그건 작은 환상이었다. 어딘가 풀밭에 드러누워 있을 염소 주인은 저 소리를 들으면서 자기 재산의 이동을 손금 보듯 하고 있겠지. 저 크레타 염소들의 선조가 님프들과 함께 갓난 제우스를 젖을 먹여 살렸다 이거지…. 그런 염소는 특히 그리스 사람들에게 친근한 존재다. 그래서 염소를 신격화한 판(Pan) 신도 하나 만들었던 거다.

들릴 듯 말듯 실같이 가늘게 들려오는 것이 아닌가? 이 책 쓰느라고 괜히 갖다 붙이려고 하는 것이 아니다. 그건 정말이지 환상적인 소리였다.

소리를 따라가보니 저편 언덕에 수십 마리의 염소들이 비탈길을 내려오고 있네. 저녁이라서 주인이 부르는 대로 우리로 가는 모양인데, 그 목에 달린 방울들이 내는 소리가 화음이 되어 들려오는 기묘한 연주였다. 그때 이런 생각을 했다. '아하, 그리스의 신화 작가들은 이 크레타에서 저런 풍경을 보며 아기 제우스가 염소젖을 먹고 자랐다는 아이디어를 내어 신화를 썼겠구나.'

그나저나 이제 시작한 제우스 이야기가 과연 어떻게 비화하려나?

레아, 아들과 짜고 남편도 제거해버린다

신들도 태어나고 젖도 먹고 하는 과정을 거치지만 자라기는 속성으로 자란다. 금세 청년이 된 제우스. 아버지가 하늘 거인이니 타고난 떡대에 헝클어진 머리, 덥수룩한 수염, 식스팩 복근은 기본으로 갖췄다.이날을 기다려온 어머니 레아는 아들 제우스를 데리고 뭘 하려나? 또 음모를 꾸미는 거지. 보시라, 밟고 다닌 자리가 길이 된다고 하듯이 신들의 일이건 인간의 일이건 반복이 모여 이렇게 좋든 나쁘든 길이 된다는 걸. "제우스야, 너도 외롭지? 사실은 네 위로 누이 셋하고 형 둘이 있단다. 근데 태어나는 족족 네 애비가 모두 삼켜버려서 지금도 네 애비 뱃속에 갇혀 있거든. 너도 이제 성인이 됐으니 저런

시간의 퇴출
chron-은 '시간'이라는 의미. 잠시의 꿈, 영화였도다. 시간 크로노스는 이렇게 자식들에 의해 퇴출, 시간 속에 사라진다.

못된 애비는 제거해버리고, 누이들과 형들을 구출해 네가 우주의 파워를 잡아라. 벌써 대신(大神)이 될 놈은 그릇이 다르다. 제우스는 구미가 당긴다. "어떻게요?" "요리요리 하게…"

어머니 레아, 무섭다. 자기의 시어머니 가이아가 아들 크로노스와 짜고 남편 우라노스를 거세, 퇴출시킨 과거를 알지. 그걸 알기에 그랬을까? 그녀가 이번에는 자기 남편 크로노스를 퇴출시킬 음모를 꾸민다. 이래서 신화에서 남자들은 다소 위세 좀 떠는 것같이 보이지만 그것도 아내 입장에서는 잠시다. 용도가 끝나버리거나 마음에 안 들면 바로 없애버린다. 그대로 폐기시켜버린다.

멀리서 내려다본 허망한 제우스 신전

천하의 제우스 신전도 다 무너지고, 도둑질 당하고 남은 것은 104개 기둥 중에 15개뿐이다. 아테네. 아테나 여신의 파르테논 신전이 있는 아크로폴리스에서 멀리 내려다보고 촬영한 것으로 앞에 보이는 문(노란 화살표)은 2세기 초의 유명한 로마 황제 하드리아누스 개선문. 로마 시대에는 이 문을 기준으로 경계를 했는데 바깥쪽인 서쪽(사진의 아래 쪽)은 서울로 치면 강북, 동쪽인 그 안쪽(사진 위 쪽)은 강남 신시가인 셈.

제우스 신전 기둥의 높이를 보라
정말 어마어마한 건축물이다. 기둥 하나의 높이가 무려 5층 건물에 해당하는 17m나 된다. 정말이지 그 스케일이 어마어마하다.

아버지라도 해치우는 제우스

치밀한 레아는 청년이 된 아들 제우스를 거짓으로 신분을 위장시켜 남편 크로노스의 시동(侍童)으로 취업시킨다. 크로노스로서는 건장하고 잘생긴 제우스가 마음에 들었겠지. 이래서 아버지를 주군으로 모시게 된 제우스. 신임을 얻으려고 더 성실히 주군을 모시는 척했다.

어느 정도 신임을 얻었다는 확신이 들자 제우스는 나중에 자기의 첫번째 아내가 된 메티스(Metis는 '지혜' 라는 뜻)가 조제해준 강력한 구토약을 탄 꿀을 가지고 아버지 크로노스에게 간다. (이때 벌써 고대 그리스에 이 정도 제약 기술이 있었다는 의미다.) 그리고 애교를 떤달까? "크로노스 주군님, 이거 맛이 아주 기가 막히게 맛있는 음료거든요. 특히 정력에는 그만이래요. 주군님 드리려고 어렵사리 구해왔습니다."

자기에게 불만 많을 마누라 레아가 그런 걸 갑자기 마시라고 주었다면 의심했겠지만, 그럴 때는 차라리 남이니까 의심이 없다. 그 귀엽고 충성스런(?) 시동이 드시라며 바치는 건데 뭘? 널름 받아 꿀꺽꿀

크로노스 식품 회사 트럭에 토성이 그려져 있네

크로노스와 토성은 무슨 연관이 있는 걸까? 크로노스의 로마 신화에서의 이름은 사투르누스다. Saturnus? 아따 복잡하다. 영어로 바로 가자. 영어로는 간단하게 새턴(Saturn)이다. 새턴은 Saturday(土요일)란 말을 만들었는데, 왜 흙 土 字, 土요일일까? 사투르누스가 농경의 신이기 때문이다. 농사는 土에다 지으니까. 그래서 태양으로부터 여섯 번째 행성을 土星(토성, Saturn)이라고 번역한 것. 그러니까 이 크로노스 식품 회사가 트럭에 토성을 그려넣었던 거지.

새턴(Saturn) 로켓
새턴 V 로켓은 2020년대까지 인류가 개발한 로켓 중 SLS 다음으로 가장 큰 추력을 가진 로켓이다. 사진은 미국이 달 탐사를 위해 개발한 대형 로켓. 흔히 새턴 5호라고도 하는 로켓으로, 아폴로 계획을 위한 발사체로 선택됐다. 미국 우주 개발의 아버지 폰 브라운(1912~1977)이 디자인하고 개발하였다. 폰 브라운은 지금 사람들은 기억하는 이가 별로 없겠지만 독일 출신으로 로켓 공학의 아버지로 불린다.

꺽 마신다.

자, 짝퉁 드링크인 독한 구토제를 마셨으니 갑자기 가슴이 메슥메슥하고 배가 뒤틀리더니 맹렬한 구토가 난다. 이런 걸 토사곽란이라고 하지. "우웩! 우웨엑!" 분출하듯 토한 건 좋았는데, 그 바람에 그만 그동안 뱃속에 잘 삼켜뒀던 자식들 다섯 명까지

이 조형물을 보고 나는 '시간'이란 의미에서 chron-(시간)이란 말을 만든 크로노스(Chronos)를 생각했다

스페인의 초현실주의 작가 살바도르 달리의 작품, 시간 속에서의 '기억의 지속'을 야외 조형물로 한 것. 이걸 스페인이 아니라 엉뚱하게도 미국 플로리다 주 달리 박물관에서 만났네. 나는 땅의 여신인 가이아와 하늘의 남신인 우라노스의 아들 크로노스를 조우한 기분으로 이 조형물 벤치를 촬영했다.

Chronos 신의 이름에서 '때, 時'라는 연결형 chrono-가 나왔고 그래서 chronology(연대순)라는 말도 나왔다.

몽땅 밖으로 튀어나왔네. 역순으로 제일 먼저 나온 것은 제우스인 줄 알고 삼켰던 강보에 싸인 돌멩이. (그 돌멩이는 기념으로 제우스가 훗날 파르나소스 산에 갖다놨단다. 근데 지금은 없네? 어떻게 된 거지?)

'연대기' 라는 이름의 신문

〈Democrat and chronicle〉은 미국 뉴욕주 로체스터 지역을 위한 일간 신문사의 이름이다. chronicle은 연대기라는 의미. 로체스터시는 한 세기를 누린 세계적인 필름회사 코닥의 고향. 이곳에 코닥 박물관도 있다.

크로노스가 자식들을 토하고 나자 정말 예언대로 제우스는 그 아버지 뱃속에서 나온 두 형들(아버지에 대한 적개심으로 부글거리고 있었던)과 합동 작전으로 아버지 크로노스를 제압, 암흑의 지하로 축출해버린다. "다시는 우주 무대에 얼씬할 생각도 하지 마십쇼!" 정말 그 이후 크로노스는 다시는 빛을 보지 못했다. 신화에서 아주 사라졌다. 무서운 자식들이다.

자, 그러면 그 다음 세대들은 어떻게 이어가게 될까?

퇴출된 크로노스(Chronos)는 그리스어로 '시간' 이란 의미

단, 철학적으로 시간이라는 의미다. 막내아들 제우스에게 제거, 퇴출당한 크로노스에서 chrono-(때)라는 어원이 생기고, 다음과 같은 고급 영어들이 생겨났다. 몇몇 사례만 보자.

chronic : 만성적인

chronic disease : 만성병

chronicle : 연대기

chronology : 연대학

chronological : 연대순의

chronometer : 정밀한 시계

여기에 '함께(同)' 라는 의미의 syn-을 앞에 붙이면

synchronized : 동시에 일어나는

synchronized swimming : 수중 무용

등등의 단어들이 꼬리에 꼬리를 물고 걸려 나온다.

까부는 놈은 누굴 막론하고 걍!
순 폼으로 들고 있음
진짜 무기
핵무기벼
大·中·小가
완비되어 있음

4

"제우스 납시오"
우주를 3등분해 나누어 다스리다

제3세대 제우스가 패권을 잡게 된 배경

자, 이제 제우스는 혈연적으로는 아버지지만 우주적으로는 거인족의 최고 수뇌 크로노스를 제거함으로써 거인족 시대의 종말을 고했다. 즉 제우스가 폭군 아버지 크로노스에게 구토제를 먹여 큰누나 헤스티아, 작은누나 데메테르, 나중에 자기 아내가 된 헤라, 그리고 형 하데스, 작은형 포세이돈을 토하게 하여 세상 빛을 보게 했으니, 즉 그는 그들을 구조한 입장으로서 입김 센 위치가 됐지.

그래도 그렇지 막내가 어떻게 올림포스 최고신의 자리에 등극할 수 있었을까? 신들은 마음먹은 대로 후딱 자라기에 큰형 하데스도 작은형 포세이돈도 다 성인이 됐을 테고, 그랬기에 셋이 힘을 합쳐 크로노스를 제거했던 건데.

그건 이렇다. 제우스는 역시 제우스, 타고난 크게 될 신, '하늘의, 최고의 빛' 이란 이름값을 한다. 스케일 크게 정치 바둑을 둘 줄 알았다. 참 제우스가 남달랐던 것은, 새로운 올림포스 신국(神國)을 건국하는데 그는 권력을 독식할 생각을 하지 않았다는 것. 아마도 그랬다간 자기 아버지 크로노스에게 축출당한 할아버지인 우라노스, 그리고 자기에게 축출당한 아버지 크로노스 짝이 날 걸 우려했을지도 모르지. 즉 만약에 두 형들이 힘을 합쳐 자기를 축출하자고 들면 그걸 무슨 수로 막느냐 말야.

우주 제3세대, 올림포스 시대가 열리다

머리 좋은 제우스는 형들에게 제안한다. "형들, 어떻습니까? 우리 삼두정치 방식으로 합시다. 이 우주를 3등분하여 사이좋게 다스리는 겁니다. 단, 여기엔 어떤 서열 같은 것도 없고 남의 영역에 대해서 이래라저래라 하기도 없습니다. 오직 대등(對等)한 관계일 뿐이오."

제우스의 형들로서는 자기네들을 구출해준 동생이니 설령 독식을 해도 당장으로서는 할 말도 없을 터에 이런 고마운 제안을 하니 그걸 마다할 일이 있겠나? 게다가 노른자를 먼저 제우스가 차지하고 나머지를 나눠준다는 것도 아니고, 처음부터 공평하게 제비(drawing lots)를 뽑아서 결정하자고 하는데 무슨 불만이 있을까? 불만은커녕 황감하지.

결과! 큰형 하데스는 지하(저승)의 세계를 뽑았

통크게 우주 나눠 먹기
아주 공평하게 나누는 거야, 더도 덜도 없이 공평하게.

고 둘째 형 포세이돈은 바다를, 제우스 자기는 하늘(heaven)을 뽑았다. 역시 제우스가 잘 뽑은 것 같다. 우선 하늘에 앉아 있어야 높아 뵈지 않겠나? 모두들 쳐다보지 않겠나 말야. 거꾸로 큰형 하데스는 땅 밑에서 저승왕 노릇하느라고, 올림포스 신들의 회의에 참석할 수도 없어 결국은 올림포스의 내각 12신에 끼지도 못했다.

하지만 그 대신 하데스의 몫은 아주 짭짤한 거였다. 즉 실속은 제일 컸다. 땅속에는 없는 게 없으니까. 금, 은, 동을 비롯하여 20세기의 에너지 석유, 나아가 우라늄까지, 온갖 보물이 묻혀 있지. 제우스 권한인 하늘 공간을 아무리 쥐어짜봐라. 금 한 톨 나오나?

하여간 제우스는 이렇게 권력을 균등하게 배분해서 아무도 불만이 없게 해놓고 시작했다. 바야흐로 우주 제3세대, 올림포스 시대가 열린 거다.

숲속을 완전히 빠져나오기 전까지는 휘파람을 불지 마라

서양 속담에 "Don' t whistle until you are out of woods." 라는 말이 있다. 숲속은 도둑이나 야수가 숨어 있을 가능성이 높다. 비록 크로노스는 자식들에게 쫓겨났지만 타이탄 족들의 잔당들이 있는 거다. 굴러들어온 돌 제우스 일파의 쿠데타로 파워를 빼앗겨 거리로 내몰린 그들이 "제우스 일당 타도!"

이걸로 지하세계 감방을 열고서
제우스는 끔찍한 괴물로 생겼다 하여 아버지 우라노스가 가둬놔서 그 생고생을 하고 있는 키클롭스족 괴물들과 타협을 하러 들어간다.

의 기치 아래 단합한다. "타도하자, 제우스 일당 독재 정권!" 이래서 '거인족 vs 새로운 올림포스 신들'로 전쟁이 일어난다.

이런 우주 전쟁(Star wars)에서도 제우스는 타고난 지휘 능력을 발휘하여 계속 자기 세력을 구축해 간다. 그런데 전쟁은 10년 동안이나 일진일퇴, 지지부진, 영 끝장이 안 났다. "빨리 끝내야 하는데…." 제우스는 참 교묘하기도 하지, 묘법을 밖에서 찾는다. 자신이 특공대가 되어 지하 세계로 잠입해간다.

그 다음 간수장 노파를 가볍게 "으~윽!" 죽이고 열쇠를 빼앗는다.

우라노스 정권 때 괴물이라 하여 지하세계에 가두어뒀던 괴물들 중 일부는 크로노스가 아버지 우라노스를 제거하고 정권을 잡으면서 석방시켰지만, 당시 크로노스가 보기에도 아주 끔찍한 괴물들은 계속 가두어두었다. 외눈깔 거인 키클롭스족, 괴물들(모두 제우스의 삼촌뻘이다)과 외교적 타협을 한다. "이 제우스가 삼촌들을 몽땅 석방시켜드리겠소. 단, 조건이 있소. 출소하게 되면 내 편이 되어 싸워주는 거요."

그들도 정말 기약 없는 무기수 신세인데 마다할 일이 있나? 이럴 때 슬기로운 감방 생활 그만하고 나와야지. 제우스는 이 무시무시한 놈들을 자기 주력 군대로 편입시킨다. 즉 거인들을 괴물 거인들로, 즉 불을 불로 끄는 작전인데 그게 주효하여 마지막 거인족과의 싸움을 승리로 이끌 수가 있었다.

거인족은 거인족으로 제압한다

역시 키클롭스족이고 뭐고 거인들은 좀 멍청하

오른손에 벼락을 쥐고 있는 제우스
벼락이 꼭 소프트 아이스크림같이 생겼네. 제우스의 무릎 쪽을 보시라. 성조 독수리가 있지. 스페인의 수도 마드리드 프라도 박물관에서 촬영.

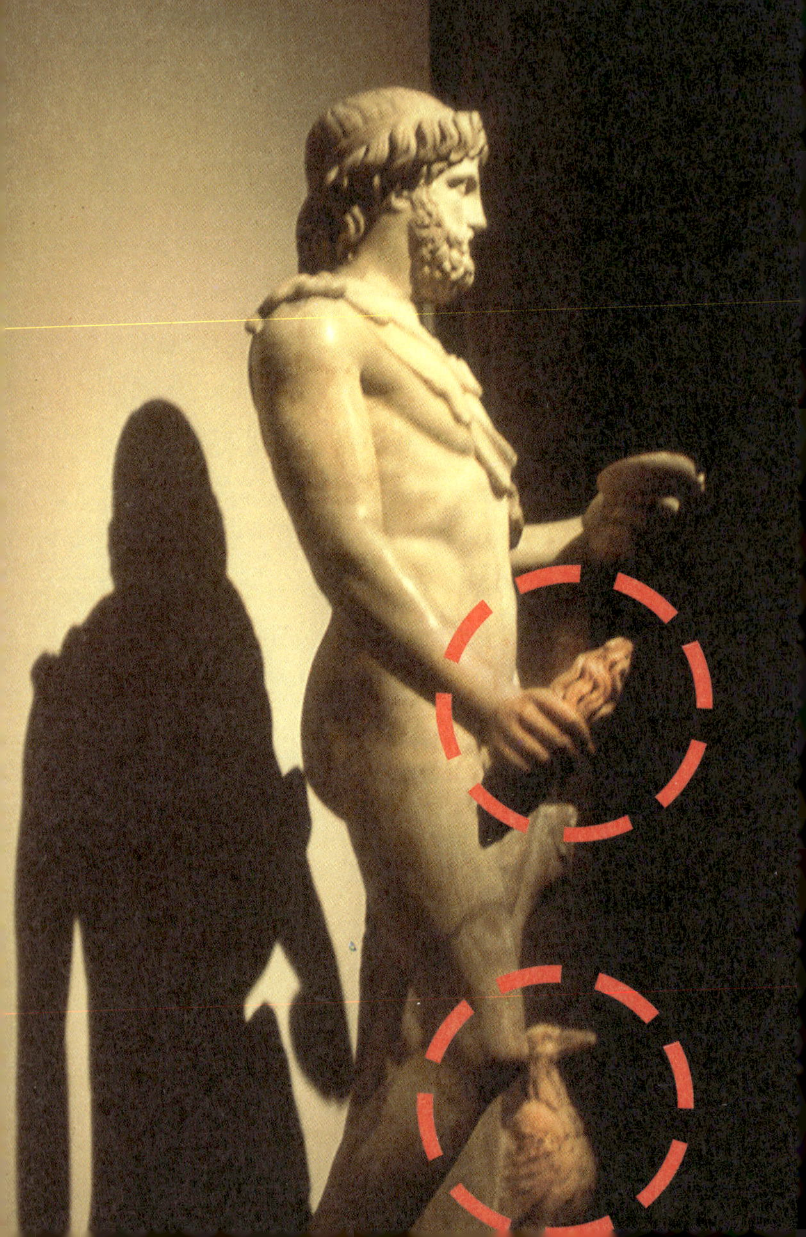

다는 의미인가? 혈통도 다른 데다 조카뻘인 제우스 쪽에 붙어 싸워 이적 행위를 했으니. 그 정도가 아니다. 이 전투에 사용된 제우스의 벼락, 포세이돈의 트라이던트(삼지창), 하데스의 (쓰면 다른 사람들 눈에 안 보이게 되는) 투구를 대장장이 신 헤파이스토스가 만든 걸로 되어 있으나 키클롭스가 출옥 기념, 감사의 표시로 만들어 바쳤다는 설도 있다.

그건 자기네들을 지옥에 가둔 우라노스 정권에 대한 절대 반감을 가진 데다가 무엇보다도 제우스가 자기네를 지하 감옥에서 빼내어주었으니 그 은혜를 갚으려면 그럴 수밖에 없었을 거다. 아무튼 제우스는 다시는 이런 불상사가 일어나지 않게 거인족 잔당들을 몽땅 쇠사슬로 묶어 지옥 밑바닥에다 처박아둔다. 그렇게 해서 거인족과의 전쟁은 끝났다. 그럴까?

숟가락 들 기운만 있으면 싸우는 것이 우주의 생리

어허, 또 평정해야 할 것이 기다리고 있었네. 이번에는 진짜 흉물스런 괴물족 기간테스족들이 한판

올림포스 신들과 기간테스(거인) 간의 전투
한쪽은 정권을 잡겠다고, 한쪽은 못 내놓겠다고 죽어라고 싸우는 장면. 야, '구라'가 심하다. 웬 사자까지 동원? 그리스 신화에 사자 이야기가 종종 나오지만 고대 그리스에는 사자가 없었다. (저 아래, 이스라엘까지는 있었다) 그러니까 용맹의 심벌로 이집트 신화나 문물에서 차용한 것. 그리스 델포이 박물관에서 촬영한 이 사진을 하나하나 구석구석 잘 보시라.

붙자는 거다. 이건 정말 끔찍하게 생긴 놈들이다. (이 Gigantes라는 말에서 giant, 즉 '거인'이란 말이 나왔다.)

아, 참 복잡한 전투 과정 얘기가 깔려 있다. 알아봤자 별로 써먹을 이야기도 못 되니 뚝 잘라 줄인다. 이 기간테스와의 전투 결과는 우여곡절 끝에 제우스가 헤라클레스의 도움을 받아 어찌어찌 승리로

장식.

자, 이렇게 해서 그리스 신화 제3세대, 제우스를 중심으로 한 올림포스 시대가 꽃을 피우게 됐다? 다들 그럴 줄 알았지. 제우스도 그런 줄로 알았으니까. 그런데 그게 아니었다!

가령 (이젠 좀 고전이 된) 영화 '터미네이터2' 를 보면 천신만고 끝에 -147°C의 액체질소 때문에 완전 얼어붙은 T-1000을 스페인어로 "Hasta la vista baby!" (아스딸 라 비스타 베이비. 또 보자, 얘야) 하면서 권총 한 방으로 산산조각을 내 이젠 정말 끝난 걸로 알고 긴장이 풀어지려는 중인데 어떻게 됐지?

산산조각 난 그런 T-1000의 조각들이 가까이에 있던 용광로의 열을 흡수하여 다시 슬슬 액체가 되더니, 자기네들끼리 서로 끌리듯 이리저리 모여 융합되고, 드디어 도로 제 형체가 되더니, 결정적인 순간에 '왁!' 하고 튀어나와 한 번 더 진짜 마지막 클라이맥스를 보여주듯이 초기 우주 전쟁에도 그런 점이 있는데 그건 모두 당시 작가들의 창작의 소산이다.

당시 작가들도 중간 중간에 서스펜스를 끼워 넣어 구성하는 아이디어는 지금 작가들과 같았거든.

정말! 이젠 진짜 마지막 쇼로 T-1000 같은 놈이 튀어나온다.

아직도 휘파람 부니?

티폰(Typhon)이라고 하는, 반은 짐승 반은 인간으로 우주 최악의 괴물 놈이 튀어나온 거다. (이 이름에서 'typhoon' 이란 말이 나왔고 그것을 한역(漢譯)한 것이 '태풍(颱風)' 이다.) 그런데 족보에도 없었던 티폰이란 놈은 또 어디서 갑자기 튀어나온 거지?

그게 또 묘한 걸 시사한다. 자기가 낳은 아들들인 기간테스족들이 모조리 손자뻘인 제우스에게 패한 것이 그렇게 분했던 과부 가이아가 독이 오를 대로 올랐던 것. 그녀는 목적을 가지고 무저갱 지옥왕 타르타로스와 얼른 일을 치러 티폰이라는 괴물을 낳아 또 얼른 길러서 얄미운 손자 놈 제우스를 공격하게 한다.

보시라고, 이렇게 싸움하기 좋아하는 우주의 생리가 점점 더 자리를 잡아간다는 것.

이번엔 또 무슨 싸움패가 나온다고

어쨌든 무시무시한 티폰이 도전해왔으니 어쩔 건가? 나가 맞서 싸워야지. 그런데 신화 시대 핵무기에 해당하는 벼락까지 가지고 있는 제우스도 티폰에게는 초장부터 밀렸다. 우선 기선을 잡는 데 필요한 기 싸움에서부터 한 번 쳐다보고는 처음부터 꿀렸다.

티폰, 정말 무서운 놈이다. 누가 지옥왕 타르타로스의 아들 아니랄까봐 얼마나 지독하던지 제우스를 비롯한 올림포스 신들은 단체로 아주 혼쭐이 난다.

양떼 속에 꽁꽁 숨어버린 제우스
양 똥 냄새 지독히 날 텐데…. 아! 죽고 사는 문제에 까짓 양 똥 냄새 정도가 문제야?

오죽했으면 총사령관인 제우스까지 체통이고 뭐고 "다리야, 날 살려라!" 하고 도망가다가 얼른 양으로 변신해 양떼 속에 숨어버렸겠나? 그래서 맞아죽는 걸 모면하긴 했지. 우스갯소리지만 9.11 테러로 수배됐던 사우디아라비아 출신 테러리스트 빈 라덴이 여차하면 부르카를 뒤집어쓰고 아랍 여성들 틈에 들어가 눈만 내놓고 있으면 천하의 CIA도 찾아낼 재주가 없다고 했듯이 꼭 그런 방식을 제우스가 썼다.

코너에 몰리기도 했던 제우스

이런 최악의 경우까지 있었다. 또 한 번 그놈 티

폰과의 전투에서 제우스와 형제들, 올림포스 신들이 한참 밀리다 결국 지고 말았다. 진 정도가 아니라 총대장 제우스가 붙잡혀서 사지(四肢)의 힘줄(tendon)까지 빼앗겼다. 티폰은 그걸 동굴 안에 있는 금고에 넣고 잠가놨다. 힘줄이 빠진 제우스, 사족이 흐물흐물 해져서 쪽도 못 쓰고 괴물의 동굴 속에 갇혀 있는 신세가 됐다.

그래서 혼외 자식 헤르메스가 염소로 둔갑하여 트로이 전쟁에 간 오디세우스 왕의 왕비를 건드려 낳은 목축의 신 판이 헤르메스와 함께 총대장 제우스를 구조하러 갔다. 그럴 때 뭐, 작전이란 것 참 단순하기도 하다. 판 신의 장기(長技) 아시지? 무시무시한 괴성 지르기. (《일상이 그리스 로마 신화, 신들의 관계》 참조.) 동굴 앞에 가서 판이 있는 대로 괴성을 질러댔겠다. 그러자 제우스를 감시하던 티폰의 여동생 괴녀가 혼비백산, 토껴버렸다는 거다.

그 통에 제우스는 후다닥 튀어나왔는데 역시 헤르메스는 달라. 그는 다시 동굴에 들어가서 금고를 열고(털고) 제우스의 힘줄을 도로 찾아다 얼른 제우스에게 붙여주었으니까. 그런데 왜 헤르메스가 그런 역할을 했을까? 이걸 기억해야 한다. 헤르메스는

운명의 3여신
(나의 궁금) 그러면 자기네들의 운명은 또 어떻게 되는 거지? 사진은 이탈리아 폼페이 유적의 벽화에서 촬영.

여러 가지 보직이 있었는데 그중에 '도둑의 신' 도 된다는 것. 도둑이 잘하는 게 금고털이 아닌가?

그래 도로 힘줄을 붙이고 원기를 되찾은 제우스가 그 후 일진일퇴하다가 어찌어찌 상황을 만회하여 이기고 결국 완전한 우주 패권을 잡았다는 것.

결국 운명은 제우스 편

그런데 운명이라는 게 있다. 그리스 신화에서는

전쟁에 이기고 지는 것도 다 운명이다. 결국 운명적으로 이제 제우스 시대가 도래하게 되어 있었기에 운명의 3여신이 제우스를 도와주고, 그 후원으로 원기회복을 한 제우스가 어찌어찌 벼락으로 티폰을 죽여 드디어! 스타워즈를 종결시킨다.

크로노스 거세, 퇴출 이후에 일어난 4차에 걸친 스타워즈를 승리로 이끈 총사령관은 제우스. 그러니 그가 우주 제3세대, 올림포스 신권 시대의 패권을 잡게 된 것은 당연하다. 이제 제우스는 명실공히 우주 최고 권력자.

권력은 지켜야 권력인 거야

제우스에게도 시험이랄까, 위기가 있었다. 전형적인 신화 스타일 있지 않은가? "장차 태어날 아기가 너를 축출하고 네 자리를 차지하리라" 하는 예언.

이런 무시무시한 예언이 제우스에게도 떨어졌던 적이 두 번이나 있었던 것. 타고난 바람둥이 제우스는 이제 뭐, 우주도 평정됐겠다, 따로 할 일이 있나? 하는 일이 그저 쾌락 탐닉으로 아내 헤라 몰래 낮밤을

드디어 나, 제우스, 우주 3세대로 패권을 잡았노라
다 이런 맛에 하는 거지! 오스트리아 수도 빈의 호프부르크 왕궁에서.

나, 제우스가 잡았노라, 우주 파워를

거인족들을 짓밟고 선 제우스. 그 거인족들을 감시하고 겁주고 있는 제우스의 성조 독수리가 날개를 펴고 기(氣)를 세우고 있네. 정권 잡은 쪽이야 잡아서 좋을시고지만 밀린 쪽은 이를 갈지. 게다가 이건 평화적 정권 교체의 가능성이 전혀 없으니…. 제우스 오른발 밑에 처절한 꼴이 된 거인을 보시라. 사진의 조각 작품은 오스트리아 수도 빈의 호프부르크 왕궁 입구에서 촬영.

올림포스 신들의 최고신으로 등극한 제우스
제우스의 오른쪽에는 창과 방패 이지스(Aegis)를 든 딸 아테나가 호위하고 있고, 아테나의 오른편에는 승리의 여신 나이키가 보필하고 있다. 제우스의 왼편에는 헤라클레스가 힘을 주고 있다. 아테네대학교의 박공(pediment) 속의 조각군(群).

가리지 않고 씨 뿌리기인데 바다의 여신이라지만 하급 신, 님프 정도인 순진한 처녀 테티스에게 음심을 품었겠다.

막 작업을 걸려는데 "이런!" 재수 옴 붙은 신탁이 떨

어졌네. “오, 제우스, 너 테티스 덮치고 싶지? 너, 테티스에게서 아이가 나오면 걔가 널 죽이게 되어 있는 거 알아?” “에구!” 여기서 제우스는 남달랐다. 그건 아마도 그의 할아버지 우라노스의 최후와 자기가 해치운 아버지 크로노스의 결말을 봤기에 그랬을 것이다. 신탁은 시간 차이는 있어도 100% 꼭 들어맞게 되어 있으니까.

자, 그러니 아름다운 테티스는 그림의 떡, 그런데

제우스 하는 짓 좀 봐. 못 먹는 감 찔러나 본다고 엉뚱한 총각 왕 펠레우스를 부추겨 테티스를 덮치게 한다. 그리고는 펠레우스가 테티스를 덮치는 광경을 내려다보고 있었단 말이지. 이건 참 지저분한 관음증이다. (그 교합에서 아킬레스가 태어났지.)

테티스 호수 공원
캐나다 밴쿠버 아일랜드의 수도 빅토리아에 있는 아름다운 호수. 바다의 요정 테티스처럼 아름다운 호수이기에 그녀의 이름을 붙였다.

권좌에 위협이 된다면 제우스는 아내도 잡아먹어

아, 이런 적도 있었다. 앞서 메티스가 등장했었지? 제우스에게 구토약을 섞어 조제한 꿀을 주어 크로노스에게 먹이게 했던 지혜로운 여인. 그런데 이런 신탁을 들은 거다. 제우스에게 첫 번째 아내가 되어준(정식 호적에는 안 올렸음) 그녀와의 사이에 태어난 아들이 장차 자기를 축출하게 되어 있다고.

그런 신탁을 듣자마자 제우스 하는 짓 좀 보게. 이것도 아이디어라고…. 아이가 태어나기 전에 아예 아내를 잡아먹어버렸던 것. 자기의 권좌를 위협하는 화근은 확실하게 없애겠다 이거지. 그래도 그렇지 아내를 잡아먹어? 정말 지독한 놈이다. 제우스 생각은 아내고 뭐고 기왕에 제거할 바에야 지혜라는 뜻을 가진 아내 메티스를 먹어버려 자기 머리 속에 지혜라는 프로그램을 깖으로써 자기를 지혜롭게 업그레이드할 생각이었을 것이다.

이렇게 해서 태어난 딸이 전쟁의 여신 아테나

그때 메티스 복중의 아기도 함께 제우스 뱃속에 들어갔는데, 그 아이가 제우스의 머릿속에서 자라느라 골이 빠개지는 듯한 지독한 두통을 수반하게 했다.

이에 견디다 못한 제우스가 대장장이 신 헤파이스토스를 시켜 자기 머리를 빠개게 했다. 요즘 말로 두개골 절개 수술. 그러자 여자아이가 튀어나오네. 게다가 처음부터 무장을 하고 창까지 들고 나왔네. 그놈의 창이 제우스 머릿속을 찌르고 있었던 것 아닐까? 그렇게 나온 딸이 아테나, 전쟁과 지혜의 여신이다. (《일상이 그리스 로마 신화, 신들의 관계》

제우스 머리를 깨는 헤파이스토스

편 참조.)

잠깐! 제우스 머릿속에서 나온 아이가 아테나라는 여자아이였고, 그 아이는 완전 무장에 창까지 들고 나왔다고 했지? 그런데 아들이 아니었던 게 이상하다. 아들이었으면 신탁대로 제우스는 바로 그 창에 찔려죽었을 텐데. 그러니까 제우스는 역시 정권을 오래 유지할 운명이라 첫 아들이 아니고 첫 딸이 나왔던 것.

그런 식으로 철저하게 자기 권좌 관리를 해왔기에 총통 신으로서 주색잡기만 하면서도 승승장구한다. 그랬기에 (천상에서 훌쩍 인간계로 연결해서 보았을 때) 서기 391년 로마의 테오도시우스 황제가

완전 무장에 창까지 쥐고 태어난 아테나 여신

이러니 여성임에도 전쟁신이 됐지. 여성스러운 점에서 공예의 신도 되고 무엇보다도 지혜, 학문의 여신이기도 하다. 학문을 닦는 그리스 아테네대학교 앞에 높이 서 있다.

기독교를 로마의 국교로 하는 바람에 하루아침에 총통 최고신에서 잡신으로, 파괴되어야 할 우상으로 곤두박질 칠 때까지 최고신 대접으로 제사를 받아먹을 수 있었던 것.

정권도 안정됐으니 취미 활동이나 계속할까

제우스는 모든 정적, 잔당까지 완전히 몰아내고 정권을 잡아 제3세대 올림포스 시대를 연다. 우주가 평정되고 평화 시대가 되니 우주에는 많은 신들이 불어났고 땅에는 인간들이 넘쳐나게 됐다.

그때부터 제우스는 정사(政事)에는 관심 없고 정사(情事)에만 전력을 쏟는다. 우주 운영은 각 분야의 신들이 다들 잘 알아서 하는 터고, 서로 남의 영역에 감 놓아라 배 놓아라 하기 없기로 되어 있으니 뭐 특별히 할 일이 있나? 그러니 이건 어딜 가나 그저 쾌락의 결과인 씨 뿌리기 작업만 하고 다닌 거다. 그의 여성 편력은 정말이지 이루 다 열거할 수도 없을 정도인데 어디, 몇 가지 사례만 보자. 제우스의 엽색 행각을.

우선 손윗누이 데메테르(농경의 신)에게 씨를 뿌

우린 무게로 덮친다 이거야
참 무지막지하게도 생긴 황소다. 이런 게 누나를 덮쳤다? 좀 더 우람한 황소 상을 찾다 보니 뉴욕 맨해튼의 증권가 월스트리트의 심벌 황소가 제격이었다. 그걸 약간 희화했음.

린다. 제우스가 손윗누이 데메테르에게 음욕을 품고 작업을 걸었을 때였지. 누이가 "얘야, 우린 가족이야. 가족. 가족끼리 그런 짓 하면 되겠니?" 하며 영 요구를 안 들어줬다. 누나를 어떻게 하고 싶어서 몸이 달은 제우스, 어느 날 황소로 둔갑해 접근한 다음 그녀가 방심한 틈을 타 일순간에 그 무게로 밀어붙였다. 그 결과가 나중에 저승 세계로 납치되어 저승왕 하데스의 아내가 된 페르세포네다.

그런데 페르세포네가 저승왕 하데스에게 납치되어 간 걸 찾느라고 헤매던 데메테르를 이번엔 제우스의 작은형 포세이돈도 덮쳐 아리온을 낳았다. 세상에 이런 콩가루 집안이 어디 있나?

헤라 여신만은 호락호락하지 않았다

제우스는 역시 누이인 헤라에게도 음심을 품었다. 그러나 헤라 누이는 만만치 않다는 것을 알았다. 그래서 제우스는 아예 처음부터 뻐꾸기로 변신해 접근한 다음 헤라가 뻐꾸기가 귀엽다고 가만히 잡아 가슴에 품자 바로 본색을 드러내 덮쳐 눌렀? 아, 아냐! 헤라는 달랐다. 완강히 거부했다. 제우스의 여성 편력을 하도 들어서 아는 만큼 아예 '결혼 약속'을 받아놓고서야 몸을 허락했다. 그리고 후에 정식으로 성대하게 결혼식을 하여 최고신 제우스의 퍼스트레이디로 등극했다.

그녀는 목표 의식이 아주 뚜렷했다. 제우스는 첫 아내 메티스 이후 몇 번을 사실혼 관계를 맺었었는데 결국 헤라와 정식으로 혼인했다. 제우스가 누이와 결혼을 해? 그것은 아마도 혈통 보존을 위해서 그랬을 거라고 생각한다. 유럽의 옛 왕가들도 마찬가지였는데 그래서 유전적 문제들이 많이 생겼지.

넌 24시간 내 감시망 속에 있어

제우스, 미치겠지. 이 상(像)은 미국 필라델피아 박물관의 삼각박공(건축 정면의 장식)에 있는 것을 패러디한 것.

주례사 말씀대로 사는 놈 봤냐

결혼식장에서 서약을 했다고 해서 정말 그대로 제약을 받으면 제우스가 아니지. 그는 헤라와 결혼한 후에도 그저 음욕만 들끓어 여신이든, 님프든, 인간 처녀든, 유부녀든, 미소년이든 뭐든 온갖 방법으로 씨를 뿌리고 다녔다.

우리말에 '시앗을 보면 돌부처도 돌아앉는다' 고 했는데, 자존심 센 헤라의 심정이 어땠겠나? 질투심에 피가 거꾸로 솟고 늘 부글부글 끓탕이지. 제우스를 항상 추적 감시하기 위해 눈에 불을 켜고 있느라고 잠도 제대로 잘 수가 없었다. 게다가 자기 보직은 결혼의 여신 아닌가? 순결한 결혼과 가정을 보호해야 하는 입장이라서 더욱. 그러니 더 자존심 상하고 미칠 지경이다.

그래서 제우스와 놀아났든 일방적으로 제우스에게 당했든 간에 그 얄미운 것들을 보복 차원에서 혼내주느라고 늘 독이 올라 사니, 피곤과 스트레스가 이만저만이 아니었다. 제우스는 제우스대로 눈에 불을 켜고 있는 헤라의 감시를 피해 여성 편력을 계속하느라고 머리 굴려 별별 아이디어를 다 짜냈고.

(참, 그런데 제우스의 엽색 행각을 추적하여 쓰자니 이 글이 '완전히' 3류 주간지 기사를 쓰는 기분이다. 할 수 없지, 계속하는 거지.)

첫 아내이자 지혜의 여신 메티스를 잡아먹어서인지 제우스는 머리가 비상하다. 작업 아이디어는 무궁무진. 어느 날 평생을 처녀로 살기로 맹세된 달과 사냥의 여신 아르테미스의 시녀가 레이더망에 잡혔다. 그런데 이게 만만치가 않네. '앤 건드리기가 힘들겠다…? 그래서 제우스는 슬쩍 아르테미스 여신의 모습으로 다가갔다. 그러니 시녀 입장에서 무슨 의심을 했을 리가 있겠나? 자기가 모시는 여신이 오셨는데. 얼른 반갑게 방 안으로 맞아들였지. 방 안으로까지 맞아들였으니, 나머지는 불문가지(不問可知)로다.

이렇게 시녀는 순결을 잃은 결과→ 제깍 임신, 그다음 결과→ 아르테미스에게 발각. 여신인 자기도 이렇게 자기 몸의 욕구와 싸우면서(?) 처녀성을 고수하고 있는데, 시녀 주제에 남자를, 그것도 제우스를 받아들여 재미를 봤다 이거지? 성질난 아르테미스는 시위에 화살을 걸더니 단 한 대로 쏘아 죽여버린다. 아르테미스는 사냥의 여신 = 활의 명수이기도 하니까.

가엾다. 바람둥이 제우스 때문에 죄 없는 시녀가 순결을 잃고 억울하게 목숨까지 잃은 케이스다. 그런가 하면 제우스는 자신의 심벌인 독수리로 변해 아예 처음부터 공격적으로 나와 냅다 채어다가 덮쳐 누르기도 했다. 그렇게 당한 하급 여신들의 이름은 부지기수.

'유럽' 이란 말도 제우스 때문에 생겼다

여신에다 님프는 물론이고 인간에게까지 음욕을 품어서 한 짓도 부지기수. 지금의 이스라엘 북쪽 레바논에 에우로파라는 공주가 있었다. 첩보 위성이 땅을 샅샅이 훑듯 제우스는 올림포스 천상에서 맨날 '어디 예쁜 여자 없나…?' 하고 그의 심벌 동물 독수리처럼 내려다보고 있었기에 멀리 있다고 걸려들지 않는다는 보장도 없다.

"저것 봐라?" 에우로파를 '딱!' 찍었다. 마침 에우로파가 레바논의 지중해 해변에서 시녀들과 목욕을 하며 놀고 있었다. '목욕까지 하고 있다?' 즉각 '액션!' 아주 자~알생긴 황소 한 마리가 에우로파의

뭐? 황소가 잘생겼다고? 그걸 조심했어야지!
그리스 올림피아 박물관에서 만난 황소에다 마침 그 근처에 비슷하게 맞아떨어지는 여신상이 있기에 끌어다가 연출을 시켰다. 황소가 잘생겼기로 처녀가 어딜 만지는 거야?

눈에 띄기 좋은 자리에 나타났다. 게다가 온순한 모습으로 엎드려 있다.

그런데 이걸 본 에우로파, 자기도 잘 설명이 안 되는 좀 이상스런 심리에 싸인 듯 묘한 것이 또한 과년한 처녀의 심리. 아, 그래, 짐승이 잘생겼기로 발가벗은 몸으로 짐승의 등에 올라타보다니. 뭔가 좀…, 에이 흉하다.

황소 탈을 쓴 제우스로서는 쾌재를 부를 일. 아니나 달라? 'Boom!' 그 순간 잘생기고 점잖게 생긴 황소는 펄쩍 뛰어 일어서더니만 그대로 서쪽 바다에 떠 있는 크레타섬까지 쏜살같이 헤엄쳐 갔단다.

에우로파를 납치해온 제우스

아직 황소 탈을 벗기 전이니 납치해온 직후인가보다. 그런데도 '사랑'해서 데려왔다고 하는구나. 껴안는 데에는 황소 발굽으로는 곤란하니까 손은 신 / 인간의 모양을 하고 있다. 이탈리아 소렌토의 화랑에서 만났다. '얼씨구!' 하고 촬영했지.

이렇게 처녀 납치극이 완성됐다. 크레타섬, 거긴 제우스의 홈그라운드! 어디어디에 별 다섯 개짜리(?) 스위트 동굴이 있는지도 빠삭하지. 상황 끝!

여기서 우리가 알아야 할 흥미로운 게 하나 있다. 대륙의 구분으로 보아 레바논은 아시아, 크레타는 유럽 땅이다. 아시아에서 온 그녀 에우로파(Europa)로 인해 대륙 이름 '유럽(Europe)'이 정해졌다는 것.

'유럽'을 우리는 영어식으로 Europe[유럽]이라고 하지만 이탈리아의 경우 Europa[유로빠]라고 한다. 일본인들도 유럽을 꼭 'ヨロッパ[유-롭빠]'라고 하더라. 한자어로는 '歐羅巴(구라파)'로 쓴다. 그걸 중국인들은 [아우로빠 · 유뤄파]라고 발음한다. 구(歐)의 한자음이 [유]다. 라(羅)는 [로 · 뤄]고. 우리나라는 같은 한자어를 우리식 음으로 그대로 읽어서 '구라파'라고 한다. 구세대 용어라서 요즘은 별로 쓰지 않지만.

최고신이라는 제우스가 워낙 돌아다니며 한 짓들이 많으니까 이야기가 끝이 없다.

토론토는 북미에서 4번째로 큰 아름다운 호반 도시
캐나다 최대의 도시, 온타리오주의 주도로 다양한 문화가 공존하는 국제적인 대도시. 왼쪽의 타워가 높이 553m로 세계에서 제일 높은 CN TOWER.

어? 이 범선 이름과 선수상(船首像) 좀 봐

캐나다 토론토는 호반 도시다. 나이아가라 폭포에서 떨어진 물이 흘러들어 거대한 온타리오호수(수평선이 다 보인다니까)를 채우고 다시 세인트로렌스강이라는 이름으로 동쪽으로, 동쪽으로 흘러 대서양으로 들어간다. 그 수로로 대형 화물선도 오르내린다. 이 강을 거슬러 올라온 세계 여러 나라의 범선들로 호반 도시 토론토에서는 세계 범선(Tall Ship) 대회가 열린다. 굉장한 대회다. 바다와 배 좋아하는 나로서는 보통 관심사가 아니지. “당장! 가는 거야!”

그야말로 그 누가(로마의 시저) 말했다는 것같이 VENI(왔노라) VIDI(보았노라). 그리고 쾌재를 불렀다. 아, 글쎄 대형 범선이 와 있는 게 아닌가! 우선 눈을 확 잡아끈 것이 이 대형 범선의 이름 EUROPA. “야, 유로파구나.” 게다가 “오! 이건!” 그 선수에는 선수상(figurehead)이 있는데 하얀 황소 대가리에 거기에 업혀 가는 발가벗은 여성은? 저 황소는 제우스고 저 여자는 유로파지. (유럽으로 납치되어가는 중이다.) 이렇게 척척 말하면 참 대단해 보이기도 한다. 뭐, 그리스 신화를 알면 아는 만큼 그대로 답이 나온다. “야, 세상에 이런 월척을 만나다니! 이 다음에 그리스 신화 책 쓸 때 넣어야지.” ‘찰칵!’

안내판을 읽어보니 1911년에 전투함으로 건조된 네덜란드 대형 범선이었다. 어깨춤 추듯 하며 배 안에 들어가 둘러봤다. 길이 56m, 폭 7.45m, 배수톤수 560톤. 놀랍게도 2025년 현재 114년이 지난 오늘도 전 세계 대양을 누비고 있다. (www.barkeuropa.

EUROPA

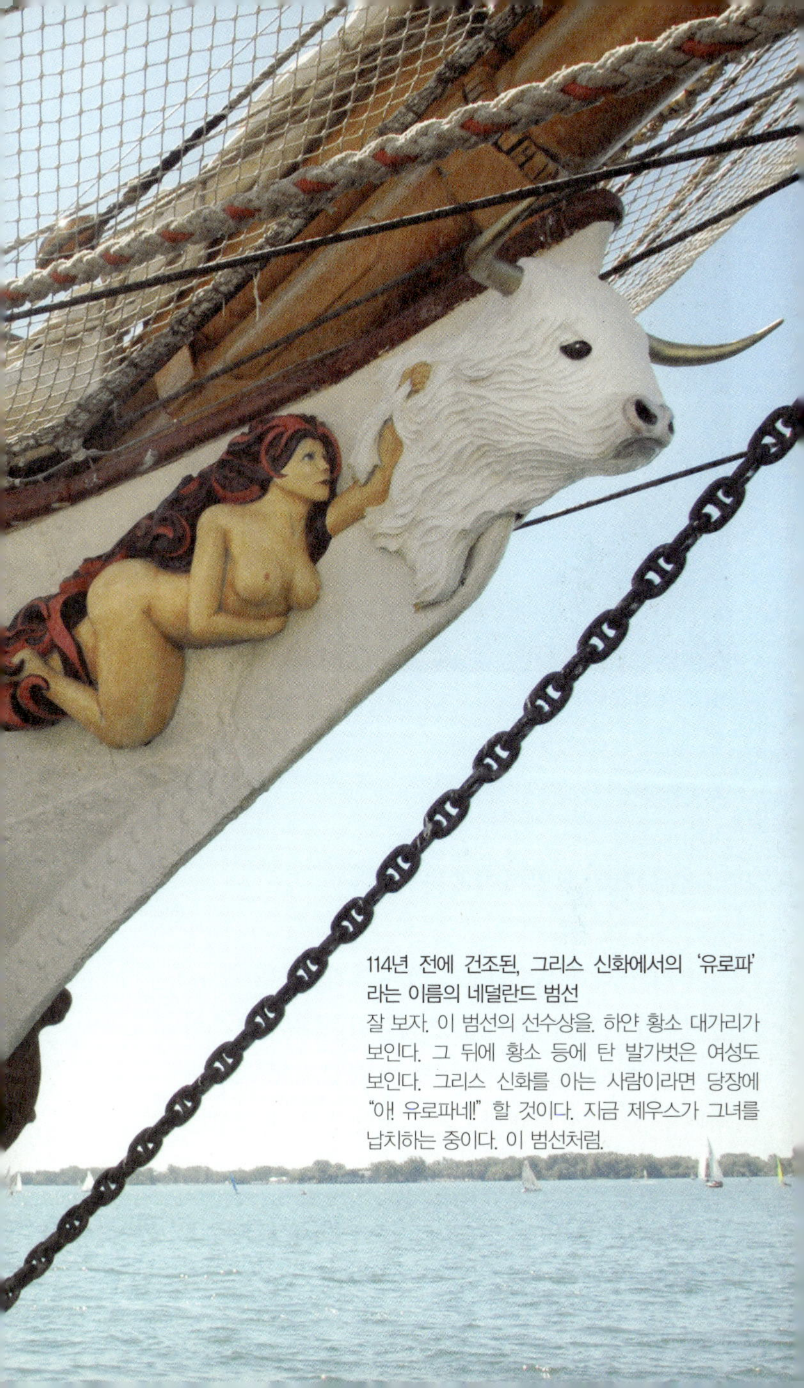

114년 전에 건조된, 그리스 신화에서의 '유로파'라는 이름의 네덜란드 범선

잘 보자. 이 범선의 선수상을. 하얀 황소 대가리가 보인다. 그 뒤에 황소 등에 탄 발가벗은 여성도 보인다. 그리스 신화를 아는 사람이라면 당장에 "아! 유로파네!" 할 것이다. 지금 제우스가 그녀를 납치하는 중이다. 이 범선처럼.

목성의 위성 유로파

com을 보시라.)

유로파를 좀 알아야겠는 이유-

우리가 먹고사는 일과는 너무 멀리 떨어져 있는 일이지만 목성의 네 위성 중 하나의 이름이 그리스 신화의 에우로파/유로파다. 우선, 목성을 영어로 주피터(Jupiter)라고 한다. 로마 신화의 유피테르다.

그 원조는 그리스 신화의 제우스 대신(大神)이고. 제우스가 어린 여성 에우로파를 납치하여 크레타섬으로 가 오늘날 유럽이란 말이 생긴 것을 아는 우리는 제우스(목성)가 거느린 위성 이름이 유로파인 것도 그냥 이해가 된다.

유로파는 1610년 갈릴레이가 발견했다. 유로파는 지름이 3100㎞ 정도라니까 크기가 어느 정도 짐작된다. 지구의 위성 달보다 약~간 작다. 근데 정말 중요한 것은 영하 180도라는 것. 무려 두께 25㎞의 얼음으로 덮여 있다는 것. 그 얼음 아래에 물이 있다고 한다. 얼음 --- 물 --- 생명 순서 아닌가? 혹시 생명체? 이런 것은 1989년 NASA가 발사한 탐색 우주선이 6년에 걸쳐 날아가서 14년 동안 탐사한 자료를 통해 알려진 것이다. 그래서 과학자들이 눈독을 들이고 있다.

5
가이아, 뜨거운 모성애로 시작된 우주 최초의 쿠테타

←

가이아(Gaia), 대지의 여신

이것이 200년 전 컬러 동판화(etching)다! 1814년 영국 Gibson 출판사에서 발행한 《Universal Geography 1, 2, 3》(지리 백과사전)에 분판(分版: 오늘날과 같은 컬러 인쇄는 생각도 못하던 당시 색깔 별루 동판을 만들어 겹쳐 인쇄했다) 컬러로 수록된 에칭 작품.

아주 오래 전 캐나다에서 이 희귀한 책을 입수했다. (우리 집 보물의 하나.) 거기서 가이아를 찾아 이 책에 실을 수도 있어 얼마나 좋아! "역시 가이아는 달라. '땅, 땅!' 컴퍼스로 땅(지구)을 측량하고 계시잖아."

태초에 카오스(chaos, 혼돈)가 있었다

가이아(Gaia) 이야기를 하려면 그리스 신화에서의 창세기로 올라가야 한다. 그리스 신화의 창세기는 한마디로 말하면 '저절로' 다. 여러 설이 있는데 '저절로' 우주가 존재했다고 보는 점에서는 대체로 일치한다. 여러 갈래에서 창조 이야기들이 들어오고 전해지다가 서로 부딪치면 적당히 양보도 하고 합쳐지기도 했다.

자, 그럼 고대 그리스인들은 우주의 시작을 어떻게 설명하는지 들어보자. 머릿속에 대형 흰 캔버스를 놓고 큰 추상화를 준비하자. 그러고나서 그 그림을 점차 반추상으로 가다가 구상화로, 그리고 오늘날의 고성능 영상으로 진화시켜보자.

우선 태초에 이 우주에는 '혼돈' 이라는 의미의 카오스가 꽉 차 있었다. 그 카오스는 어디서 생겼느냐고 묻지 마시라. '저절로' 있었단다. 그건 일정한 형체도 없는 혼돈이었기에 '카오스' 라고 했다지. chaos, 훗날 여기서 형체가 없는 물질 gas라는 말도 생겨났다. 그 카오스에는 '아가리' 라는 의미도 있듯이 카오스가 쫘~악 혼돈의 아가리를 벌리자 그 아

TORONTO STAR

SHOWERS. HIGH 6C ★ MONDAY, MARCH 1, 2004 ★ thestar.com

The Star's Rick Westhead reports from Haiti's besieged capital as Aristide heads into exile

City in chaos

'chaos' 라는 말은 이런 데서 쓰라고 그리스 신화가 만들어줬다

'City in chaos(혼돈의 도시)' 〈토론토 스타〉 2004년 3월 1일 보도. 중미 아이티에서 폭동이 났다. 사진에서 보다시피 방화에 폭력에 완전히 '혼돈'의 도시가 됐다. 오죽하면 대통령이 국외로 도망을 다 갔을라고. 이런 때 '카오스'란 말을 쓴다.

그런 아이티는 2010년 지진으로 정말 끔찍스런 chaos를 또 만난다. 무려 23만 명이 사망했다. 그리고 2022년, 만연된 마약 범죄로 최악의 chaos가 되어 이젠 더 이상 나라를 지탱시킬 수가 없어 국제 지원을 요청하기에 이른다. 카오스의 연속인 나라다.

나는 아이티와 국경을 접하고 있는 옆 나라, 도미니카공화국에는 수차례 갔어도 아이티에는 아직 들어가보지 못했다. (일반인의 여행은 어렵다.) 가보고는 싶지….

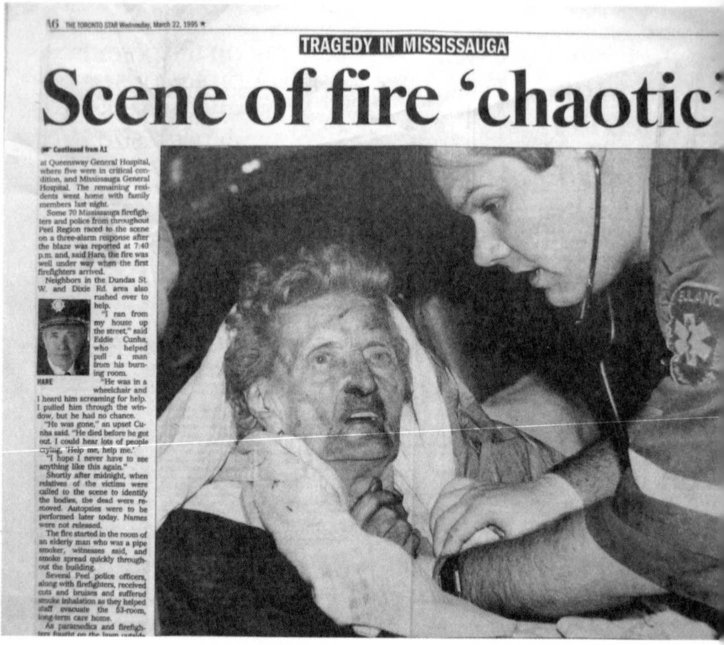

A6 THE TORONTO STAR Wednesday, March 22, 1995 ★

TRAGEDY IN MISSISSAUGA

Scene of fire 'chaotic'

Continued from A1

at Queensway General Hospital, where five were in critical condition, and Mississauga General Hospital. The remaining residents went home with family members last night.

Some 70 Mississauga firefighters and police from throughout Peel Region raced to the scene on a three-alarm response after the blaze was reported at 7:40 p.m. and, said Hare, the fire was well under way when the first firefighters arrived.

Neighbors in the Dundas St. W. and Dixie Rd. area also rushed over to help.

HARE

"I ran from my house up the street," said Eddie Cunha, who helped pull a man from his burning room.

"He was in a wheelchair and I heard him screaming for help. I pulled him through the window, but he had no chance.

"He was gone," an upset Cunha said. "He died before he got out. I could hear lots of people crying, 'Help me, help me.'

"I hope I never have to see anything like this again."

Shortly after midnight, when relatives of the victims were called to the scene to identify the bodies, the dead were removed. Autopsies were to be performed later today. Names were not released.

The fire started in the room of an elderly man who was a pipe smoker, witnesses said, and smoke spread quickly throughout the building.

Several Peel police officers, along with firefighters, received cuts and bruises and suffered smoke inhalation as they helped staff evacuate the 53-room, long-term care home.

As paramedics and firefighters fought on the lawn outside

Scene of fire 'chaotic'
"화재 현장의 혼란". 구급차 요원이 화재로 혼란(chaos)에 빠져 있는 노인을 체크하고 있다. (토론토스타 보도)

래 턱 쪽에서 대지 가이아가 저절로 나타난다. 발가벗고 발랑 드러누운 그녀.

원래 우주 공간은 춥지? 추운 정도인가? 절대온도 -273도라고 하지 않나? 그러니 아무리 신이라고 해도 그렇지 살 수가 있나? 어서 빨리 뭐라도 덮었으면 좋겠지? 그래서 벌거벗은 자기를 덮을 이불 삼아 광대한 하늘 우라노스(Ouranos)를 저 혼자 낳는

'카오스' 라고 하는 음악 센터
그리스 철자로 KAOS라고 했다. 전문 악기, 음반 판매, 음악 교육을 한다. 왜 카오스일까? 카오스(혼돈)의 반대, 즉 혼돈이 질서가 잡히면 그것을 코스모스(cosmos, 조화)라고 한다. 그래서 캐나다에는 COSMO(S)라고 하는 음악 전문 기업도 있지. 캐나다 토론토 블루어 거리.

다. (우라노스에서 원소이름 uranium이란 말도 나왔다.) 이렇게 하여 '저절로' 땅과 하늘이 구성됐다.

어서 우리 종족으로 우주를 가득 채우고 싶다

그런데 오늘날 현대인의 눈으로 보았을 때 그리스 신화는 우주의 초장부터 망측스런 윤리로 시작한다. 그래, 아무리 상상이라고 해도 그렇지 세상에 이런 불륜이 있나? 어머니 가이아가 아들 우라노스를 정말로 이불같이 자신 위에 덮고 잠자리를 같이

설명이 더 필요 없는 '거대한 타이타닉호'
그리스 신화에서의 '거대하다'는 의미를 넣어 작명된 타이타닉 호. (CG로 너무 극적으로 묘사된 사진뿐이라 사료 가치가 높은 이 흑백 사진을 빌려왔다.)

하며 신방을 차린 거다. 하긴 우주의 시작이라 짝은 있을 수 없으니 외롭지. 그러니 아들을 낳은 다음 (단성 생식은 좋은 게 아닌 건 알아서) 수컷이니까 아들하고라도 결합해서 얼렁얼렁 숫자를 불리고 싶어서 그랬지 않았을까.

이해는 해주겠는데 그래도 불륜은 불륜. 그렇게 짝짓기를 해가지고 체격이 크고 힘이 장사인 자식

열둘을 낳았다. 그들을 타이탄족이라고 한다. 그래서 거대하고 힘센 것에 타이탄(Titan)이란 이름을 붙인다. 대서양 처녀 항해에서 침몰한 거대한 타이타닉호(Titanic)가 그렇고 냉전 시대였던 1960년대 미국의 막강한 대륙간 탄도탄의 이름이 '타이탄' 이기도 하다. 원소이름 티타늄

니산(NISSAN)의 픽업 트럭 타이탄(TITAN). 8기통 400마력으로 힘이 세다는 걸 내세운다. 당연지사, 이름이 타이탄(티탄/거인족)인데 이름값을 해야지.

우라노스와 우라늄

태양계의 8개 행성 중 7번째 행성에 우라노스라는 명칭을 붙였다. 한자어권에서는 천왕성(天王星)이라고 한다. 그리스 신화에서 태초 우주의 첫 번째 왕이었기 때문이다. 천왕성이 발견된 것이 1781년, 그 후 1789년에 발견된 금속은 우라늄으로 명명됐다. 우라늄은 원소 기호 U, 원자 번호는 92. 은회색의 방사성 금속 원소. 핵발전소에서 에너지원으로 쓴다.

Urania는 천문을 관장하는 Muse. (음악과 예술의 9여신 중의 하나.) uranology(천문학)라는 말도 여기서 나왔다.

'카오스'가 정돈, 조화되면 '코스모스'

캐나다 제일의 음악 회사 Cosmo. 음(音)이 아무렇게나 널려 있으면 잡음, 그것이 조화롭게 정리되면 음악이 된다. '조화'라는 의미의 '코스모스'라고 하는 상표는 전 세계에 얼마든지 있다.

2009년 6월 서울 명동에 '눈스퀘어' 쇼핑몰이 오픈했다. 그 건물에는 1970년대의 데이트 명소이기도 했던 '코스모스 백화점'이 있었다. 그때 사람들은 '코스모스'를 단순히 가을에 피는 꽃 이름으로만 생각했었다. 그것이 '조화'라는 의미인 것을 (대부분이) 몰랐고 cosmopolitan(세계적인, 범세계주의자적인)이라는 말과 연계되는 것은 생각도 못했다.

(위) 우라노스라는 이름의 지하 연회장
튀르키예 중부의 카파도키아 지방에는 부드러운 암석으로 된 지대가 많아서 고대로부터 사람들이 층층으로 굴을 파고 생활했다. 지금은 물론 그런 생활 조건은 아니나 그런 지질의 독특한 점을 활용하여 이렇게 지하에, 이름도 거창한 우라노스라는 연회장을 만든 곳엘 가 보게 되었다.
(아래) 관광객과 함께 분위기를 돋우는 튀르키예 댄서
이를테면 석굴인데 공간은 의외로 크고 둥근 무대를 중심으로 마차 바퀴 모양으로 관람 공간을 만든 것이 참 신비한 느낌을 주었다.

(titanium)이란 말도 여기서 나왔고. 음, 기아자동차의 트럭 이름이기도 하고.

어머니와 아들은 이제 "여보", "당신" 하는 사이가 되어 계속 자식을 생산했는데, "어?" 그 뒤로부터는 정말 보기에도 끔찍한 괴물들이 줄지어 셋이나 태어나네. 그러더니 그 다음엔 엄청 큰, 징그러운 거인 괴물들이 또 셋이 태어났다.

보라고. 벌써, 생물학에서 그렇게 하지 말라는 근친혼을 하더니만 이런 돌연변이(mutant) 괴물들이 계속 태어나지 않나? 그게 엄마와 아들 간이라는 망측한 관계로 자식을 낳은 인과응보였을까? 곧이어 가족 간의 피비린내 나는 끔찍한 사건으로 줄줄이 이어진다.

땅은 모든 생명을 낳는 어머니

사유(思惟)하는 데 고대인 현대인이 따로 있나? 고대인들은 대지에 씨가 떨어지면 싹이 나고 열매를 맺는 것을 보고 '아, 땅은 모든 것을 낳는구나. 그러니 어머니구나.' 그래서 땅에게 여성의 격을 붙였다. 동시대 아메리카 선주민(Native American 우리가 흔히 '인디언'이라고 잘못 불렀던 종족)들도

1492년 콜럼버스의 아메리카 대륙 발견
"이 땅을 이사벨(스페인) 여왕에게 바치노라!" (남의 땅을 제 맘대로 바치네.) 이런 콜럼버스가 얼마 안 가서 토사구팽 당할 줄이야.

땅을 '어머니' 로 여기고 살고 있었다.

그런데 콜럼버스가 도착한 1492년, 어디서 허옇게 생긴 것들이 자기네들의 가죽으로 만든 카누하고는 비교도 안 될 거대한 대형 범선(galleon)을 타고 몰려오는 거다. 처음엔 바다 건너 신들이 내방한 걸로 알았지.

어? 그런데 그 신들이라는 것들이 그게 아냐? 자기네들은 상상도 못한 최신 무기를 가지고 있었다. 그러더니 마치 자기네들 땅인 것처럼 자리를 잡더

펜실베이니아에 오신 것을 환영합니다
"미국은 여기서 시작됐다." 주 경계의 웰컴 센터 사인.

니 영역을 넓혀가네? 세월이 흘러 엄청 많은 백인들이 몰려오더니 어머니(땅)를 팔라고 하네? 아니면 땅(어머니)을 내놓으라고. 정말 황당해했다. "우리 어머니를 사겠다고? 우리 어머니를 빼앗겠다고?" "미친놈들, 죽어도 못 줘!"

이렇듯 '땅은 여성' 이란 생각은 인류의 공통된 생각으로 그것이 어휘로도 이어져 라틴계 어휘에서는 대륙 이름이나 국가, 도시 이름은 여성형으로 명명되어 끝이 -a로 끝난다. Asia, Oceania, Austria, India, Manchuria(만주), Pennsylvania.

아메리카(미국)를 컬럼비아(Columbia)라고 하는데 그건 남성의 이름 콜럼버스(Columbus)를 가지

보시라, 地下女(장군)이지
요즘 장승들이 하도 엉터리로 만들어진 것들이 많아서 (물론 제작자들은 '표현의 자유'라고 하겠지만) 오래 전에 용인민속촌에서 촬영한 것이다. 이 또한 현대물을 먹은 것이긴 하지만.

고 미국 땅 이름을 짓기 위해 억지로 여성화하여 Columbia로 조어한 것.

우리나라 장승에서도 보면 땅은 여성형으로 되어 있다. 보시라고, 천하대장군, 지하여장군 아닌가?

gas라는 말의 원조 chaos

아르헨티나의 수도 부에노스아이레스를 돌아다니다가 이 'Metro Gas' 라고 또렷하게 씌어 있는 사인을 보고 반가워서(!) 얼른 촬영했다. 뭐가 그리 반가운데? 응, 그건 이 두 단어가 모두 그리스 신화에

두 단어 모두 그리스 신화에서 왔다

서 온 말이라서. 앞에서 gas의 원조가 카오스라고 했지.

근데 chaos가 어떻게 gas의 원조가 되냐? 17세기 플랜더스(지금의 벨기에 서쪽과 프랑스 동쪽 지방)에 한 화학자가 있었다. 그는 자기가 발견한, '형체가 없는' 이 기체를 뭐라고 명명할까 하고 궁리를 했다지. 과학적인 명칭을 명명하는 데는 그리스 신화가 최고. 그는 그리스 신화에서의 혼돈, 형체가 없는 상태의 chaos란 말에서 힌트를 얻어 chaos에서 ch를 g로 바꾸고 o는 빼어 gas로 명명해버렸다.

어머니를 뜻하는 마더(mother)라는 단어를 살펴보면 농경의 여신 데메테르(Demeter)의 meter가 mother

가 된 것이다. 농사는 땅에서 모든 것을 생산하기 때문. 이 metro라는 말은 '어머니' 라는 뜻으로 '도시' 라는 말도 만들었다. 나아가 지하철이란 뜻도 됐다.

metropolitan : 모도(母都, 어머니의 도시), 대도시

Metro : 파리, 로마, 도쿄, 마드리드 등의 지하철

빨랑빨랑 빈 교실을 채워야지

하늘의 신 우라노스로서는 이제 문을 연 우주 공간이 마치 공사만 끝낸 신축 학교같이 너무 썰렁했을 것이다. 운동장에는 공도 차고 줄넘기도 하며 노는 아이들이 있어야지. 어서 부지런히 씨를 많이 퍼뜨려 건실한 아이들로 채워 넣고 우주를 활성화시키고 싶었나보다.

그래서 대양(大洋)의 신 오케아노스(여기서 대양이란 말 ocean이 나왔다.)를 비롯한 열두 타이탄(Titan) 초대 신족(神族)을 낳았다. 그런데 태어나는 것들이 죄다 흉물스런 괴물들이네. 퀴클롭스라는 달구지 바퀴만 한 눈깔이 하나씩 달린 거신(巨神) 삼형제, 그 뒤로도 더 흉물스러워 대가리가 쉰 개, 팔이 백 개 달린 괴물 세 명. '어라!'

이때 벌써 미의 기준이 있었던 모양

어떤 형태가 정상이고 또 그중에 어떤 게 잘생긴 거고, 어떻게 생기면 못생긴 거고, 이렇게 생긴 건 괴물이고 저런 건 흉물이고 하는 미적 기준이 그때 이미 있었단 말인가? 자식들이 그런 돌연변이(mutant) 괴물로 나오자, 애비로서 우라노스는 성질이 치받친다. "아니, 어디서 이런 흉측한 괴물들이, 이거 내 새끼들 맞아?" 우라노스는 그런 괴물 자식들을 태어나는 족족 바닥, 끝이 없는 지옥 타르타로스(Tartaros), 무저갱 (bottomless pit), 불교 용어로 무간지옥(無間地獄)으로 던져버렸다.

한편 가이아는 (차차 보면 알겠지만) 성질은 좀 표독해도 엄마는 엄마, 우주 최초의 모성애를 보여준다. 고슴도치도 제 새끼는 함함해한다지 않나? 아무리 못생기고 흉측한 괴물로 태어났을지언정 자식은 자식이라는 거다. 그런데 아들이자 남편인 우라노스가 그 핏덩이 자식들을 모조리 타르타로스에 던져버리니 어미로서 억장이 무너지고 슬퍼 미칠 노릇이었다. 참, 이런 신화의 가닥이 잡혀가던 당대 그리스는 어느새 모계 사회가 지나가고 절대 가

부장제가 확고히 자리를 잡았다. 모든 게 가장인 남자 주장대로다. 해산을 하자마자 자기 아들이며 남편인 우라노스가 캄캄한 무저갱으로 갓난아이를 던져버리는데도 가이아는 우라노스 앞에서 찍소리도 못하고 있었지 않았는가?

무서운 모성애로 시작된 우주 최초의 쿠데타 음모

여성은 부드럽고 연약하고 착해 보이지만 저 속 어딘가엔 진짜 더 '무서운' 구석이 있다. 가이아는 그쪽으로 기운다. '자식이 우선이야. 아울러 폭력 남편, 가부장제의 폭압에서 벗어나고파.'

그런데 그 해결 방법 아이디어라는 게 벌써 우주 첫, 남편 살해 계획이다. 폭군 남편을 거세, 완전히 제거해버리겠다 이거지. 가이아에게 그렇게 무서운 구석이 도사리고 있었던 거다.

이제는 행동할 때. 가이아는 자기가 낳은 타이탄 열두 자식들을 모아놓고 '우라노스 거세 계획', 즉 우주 첫 쿠데타 음모를 시작한다. "자, 누가 해치울래?" 하고 묻는다. 그런데 자식들이 애비 닮아 덩치

ROCHESTER
Democrat and Chronicle
SATURDAY, OCTOBER 3, 2009 DemocratandChronicle.com 75 CENTS NEWSSTAND
INSIDE TODAY
LIVING
ADD COLOR TO CHANGE LOOK OF YOUR LANDSCAPE THIS FALL
2016 OLYMPICS
CHICAGO STUNNED
Jobless rate is highest since 1983

'크로노스 신'의 이름이 들어간 신문 〈Democrat(민주주의자) Chronicle(연대기/이야기)〉

미국 뉴욕 주 로체스터에 갔다가 코닥 필름으로 세계적으로 유명했던 도시 로체스터시의 신문 이름에서 크로노스의 이름을 발견했다. 반가웠지. 그래서 그 신문 한 장을 가져왔다. 여기 실으려고. 여기서 demo-라는 말도 그리스어로 '민중'이란 뜻. crat-이란 말도 그리스어로 '제도'란 뜻이고. '이렇게 신문 타이틀 하나에도 온통 그리스어라는 것.'

만 컸지. 하나같이 겁을 먹는다. 맞서 싸우기엔 자기 동생들을 태어나는 족족 죄다 타르타로스에다 사정없이 던져버린 아버지, 하늘 우라노스가 너무 무섭다.

그래도 그런 아들 중에 결단력 있고 깡다구가 있는 막내 크로노스가 있었다. (Kronos/Chronos, *여기서 '시간'이란 어원 chrone-이 나왔다.) "제가 해치우겠습니다!" "오냐! 그럼, 당장 오늘밤이닷!" "넵!"

우라노스의 잘린 생식기에서 美의 여신 아프로디테가 태어나다니

사전적으로 '거세'에는 두 가지 의미가 있다. 하나는 단순히 인위적으로 생식 기능을 없애는 것이고, 다른 하나는 어떤 권력이나 세력 따위를 꺾어버린다는 의미다. 독한 여신 가이아의 남편 거세 계획은 그 두 가지 다다. 남편이 더 이상 자식을 못 낳게 하고, 완전 새 시대를 열어야겠다 이거다.

어미 가이아와 아들 크로노스는 구체적 쿠데타 음모를 짠다. 그 음모대로 크로노스는 시퍼렇게 갈아놓은 낫을 들고 어머니의 침실 침대 밑에 숨는다. 밤이 되자 우라노스는 더 많은 새끼를 낳겠다고 또 일을 치르러 가이아 방에 들어온다. 그러더니 그 거대한 몸이 일을 치르신다. (그때 그 우주가 들썩거리는 침대 밑에서의 크로노스, 기분 참 묘했겠다.) 우라노스는 일을 치르더니 바로 잠에 곯아떨어졌다.

그러자 어머니 가이아가 아들 크로노스에게 소

낫으로 아버님의 물건을 자르다니
필자가 망측스런 '물건' 대신 물건 비슷(?)한 것을 베는 걸로 착하게 구성했는데, 실제로 유럽의 도로 모퉁이에 서 있는 키오스크(kiosk)의 형태가 남성의 거시기에서 왔다는 것.

리 없이 사인을 보낸다. "Yep!" 크로노스, 살살 기어 나왔다. 그러고는 아버지의 그 거대한 물건을 움켜잡자마자 사정없이 한 낫에 베어버린다. (돌도끼로 찍었다는 설도 있지만 물리적으로 볼 때 낫이 더 용이하지.)

"으아-아아학!" 순간 우라노스가 하늘이 무너지는 듯한 난리를 쳤지만 이미 아들 크로노스는 그 피가 철철 흐르는 거대한 물건을 들고 바닷가로 튀고 있었다. 그러고는 그 물건을 냅다 멀찍이 파도 속에 던져버린다. 행여 아버지가 그걸 도로 주워다가 봉합 수술이라도 받으면 도로아미타불 아닌가?

비너스(아프로디테)의 탄생 그리고 키프로스 표착
비너스 위로는 케루빔(영계의 하급 어린이 천사)이 파도 거품에서 태어난 비너스의 탄생을 알리며 축하하고 보호하고 있다. 지금도 키프로스에서는 비너스 축제가 열린다. 뉴욕 메트로폴리탄 박물관에서 만난 'The Birth of Venus.' 프랑스 화가 알렉상드르 카바넬(1823~1889)의 1863년 작품. 살롱 성공작이라 나폴레옹 3세가 구입했다고 한다. 뉴욕 메트로폴리탄 박물관에서 촬영.

그렇게 바닷가로 튀는 동안 그 거대한 아버지의 물건에서 피가 철철 흘러 땅바닥에 떨어졌을 거 아닌가? 그런데 이 피 속에서, '아, 우라노스의 복수심이 사무쳤구나….' 복수의 세 여신 에리니에스 자매가 태어난다. 이어서 괴인 기간테스(Gigantes, *여기서 거인이란 말 giant가 나왔다.) 일족이 태어난다.

그뿐이 아니다. 그 거대한 물건은 파도에 휩쓸려 흘러 흘러 가다가, 지금의 키프로스섬으로 가면서 그 파도 거품에서 어? 미(美)의 여신 아프로디테가 태어난다.

우주 첫 쿠데타로 우라노스는 완전 퇴출되고

여기서 잠깐 이런 생각을 해보는데, 혹시 우주 1세대로서 우라노스는 생물학적으로 우성 형질을 가진 개체만 살려 보전하여 우주를 운영하고 싶었던 것이 아니었을까? 그랬기에 비록 제 새끼일지라도 불량품으로(괴물로) 나온 건 과감히 무저갱 타르타로스로 던져버렸다고 생각해보면 어떨까? 그런 나쁜 형질을 가지고 나온 생명들은 아무리 자식이라고 해도 유전적으로 이어지지 못하게 말이다.

그런데 가이아가 모성애랍시고 그런 우라노스의 원대한 생명체 질서 계획에 깽판을 쳐버린 건 아니었을까? 그래서 그때부터 못된 놈들의 씨들도 오늘날까지 이어져서 지구가 이렇게 혼란스러워진 것은 아닐까? 아이티 같은 나라의 카오스(Chaos), 나라 자체를 뒤엎는 범죄 집단들을 보라. 모두 타르타로스(무저갱)에 처박아버려야 할 악당들이 잡고 있는 나라거든.

하긴 뭐, 모성애라는 게 어디 논리적이던가? 무

아버지를 거세하고 우주 정권을 잡은 크로노스
이런 놈을 효불효자라고 하지? 어머니께는 효자, 그러나 세상에 아버지를 죽이고 왕좌에 앉았으니 아버지에겐 아주 최악의 불효자. 그나저나 아버지 생식기 절단 죄를 짓고도 무사할까? 필시 인과응보가 따르지 않을까? 이렇게 태초에 아버지 죽이기부터 시작했으니 영어에는 이런 단어가 있다. patricide : 아버지 살해

조건 맹목적이지. 그래서 모성애는 거룩하기도 하지만 또한 염치없어 딱한 점도 많지. 아무튼 이 쿠데타로 우라노스는 완전 실각. 저 우주 멀리 꺼져버려 다시는 등판하지 못하게 됐다.

본시 가둬둬야 할 놈들은 그냥 가둬두었어야 하는 거 아냐?

그래, 크로노스는 우주 첫 반역을 잘도 저질렀다. 그러고도 정권을 잡은 맛에 어머니의 뜻도 들어드

싱크로나이즈 수영, 아시지?
이렇게 쓴다. synchronized swimming. 모두 그리스어에서 온 말로 syn-은 '같이', -chron은 위의 크로노스에서 온 말로 '시간'. 즉 여러 명이 '시간'에 맞추어 동시에 같이 행동을 하는 수영. 수중 발레, 아티스틱 스위밍이라고도 함.

릴 겸, 또한 우주 만방에 자기 파워를 공고히 할 겸 아버지 정권 때에 무저갱 지옥 타르타로스에 유폐되어 있던 동생들을 무조건 석방시킨다. 단, 그러면서도 너무 징그럽고 힘센 괴물 거인 동생들만은 보류해두었다. 그놈들까지 다 꺼내주어 돌아다니게 하면 장차 자기 자리도 위협받을 우려가 있겠기에.

우주 최초의 쿠데타를 주도하여 우주 패권을 바꾼 가이아. 자, 우라노스를 거세시켰으니 이제 우주 패권은 우라노스의 아들 크로노스가 완전히 잡았다. 우주 첫 독재자였던 제1세대가 끝나버리고 2세대가 시작된 거다. 여기서 시사하는 것이 있다. 이렇게 그리스 신화의 창세기는 처음부터 사랑보다는 성욕(좋게 말하면 종족 본능, 생명 현상)과 목숨 건 싸움(강자 생존)으로 시작했다는 것. 그랬기에 오늘까지 이렇게 생명들이 끈질기게 이어져 왔다는 것.

아들이자 남편 우라노스를 퇴출시킨 후의 가이아는

그 후 대지의 여신 가이아는 별 특기할 만한 큰일은 일으키지도, 간여하지도 않았나보다. 아마도 그냥저냥 슬슬 지냈나보다. 뒤이어 태어난 다른 신들의 눈부신 활약에 묻혀 존재감이 약해진 점도 있겠다. 점차 늘어나 가득 찬 자손 신들이 분야 별로 우주를 나누어 관장하니 따로 할 일도 별로 없었을 듯. 그냥 땅의 어머니 노릇만 하고 있으면 됐나보다.

그러다보니 되레 그녀는 별 껄렁한 일에 다 말려들기도 했다. 한 예로 어이없게도 자기 아들 크로노스의 둘째 아들인 포세이돈이 자기를 덮쳤던 것. 손자가 할머니를 덮치다니 참 망측스런 짓인데 가이아는 그때 임신하여 무섭고 못된 거인 안타이오스를 낳는다.

레슬링으로 결판내자 이거지
왼쪽이 헤라클레스, 오른쪽이 안타이오스. 레슬링은 시작됐다. 당시 무슨 룰이 있나? 반칙이 있나? 무한 격투기로 그냥 기운 센 놈이 약한 놈을 죽여버리는 거지. 아테네 고고학 박물관에서 만났다.

대지의 여신 가이아의 아들 안타이오스(Antaios)의 힘의 근원은?

안타이오스 이놈은 아무나 행인들을 붙잡고는 씨름(레슬링)하자고 하고선 매번 이겨 번번이 죽여버리곤 했다. 나쁜 놈이지. 그런데 그 괴력은 어디서 왔을까? 그건, 그가 발을 땅에 붙이고 있을 때, 즉

어머니인 대지의 여신 가이아에 접속되고 있을 때만 나온다는 것. 즉 땅은 에너지/파워라는 것.

안타이오스가 그 재미에 까불다가 진짜 임자를 만난다. 천하장사 헤라클레스가 지나가다가 그놈과 맞닥뜨린 거다. 그 힘의 원천 비밀을 알았던지 헤라클레스는 그놈을 붙잡고 일단 공중에 띄운 다음, 즉 발이 땅에 닿지 않게 해서 에너지/파워의 근원을 끊어 힘을 잃게 한 다음 '칵!' 죽여버렸다.

대장장이 신 헤파이스토스의 자식 대리모 노릇도

그리고 가이아 여신은 진짜 황당한 일에 말려든 적도 있다. 이번에는 어이없는 대리모 노릇을 하는 일이 다 일어났다. 뭐냐? 대장장이 신 절름발이 헤파이스토스의 자식을 낳기도 한 것. 그건 또 웬일?

이 이야기는 헤파이스토스 편에 나왔기에 여기서는 아주 짧게 해야겠다. 헤파이스토스의 대장간에 무기를 주문하러 온 처녀신, 전쟁의 여신 아테나를 헤파이스토스가 음욕을 품고 덮쳤던 것.(《일상이 그리스 로마 신화, 신들의 관계》 참조.)

법적 마누라로 제우스의 정처(正妻) 헤라 여신이 맺어준 미의 여신 아프로디테가 있긴 하지만, 아프로디테가 불구자 남편을 개무시하는 바람에 합방 한 번 못해본 헤파이스토스. 억제된 욕구가 터질 듯 했지. 그 바람에 주제 파악을 못하고 자기에게 무기를 주문하러 온 아테나 여신을 덮쳤네. 아테나~ 하면 남신들이란 건 죄다 껄렁해서 시집 안 가겠다는 처녀신의 심벌 아닌가?

깜짝 놀란 아테나, 여성이라고 해도 명색이 전쟁

신, 그런 그녀가 하도 한사코 저항하는 바람에 실패로 돌아갔는데. 문제는 그 바람에, 참 말하기도 그러네. 헤파이스토스가 그만 아테나 여신 허벅지에 체외(體外) 사정을 한 거다.

대지는 여전히 모든 씨앗을 잉태하는 법

그때 아테나는 자기 몸에 묻은 헤파이스토스의 정액을 양털로 닦아서 땅바닥에 버렸다는데, 참! 그 땅에 흘린 헤파이스토스의 정액을 졸지에 대지의 여신 가이아가 받았단다. 정액이 땅에 흡수됐기 때문. 가이아 여신은 그걸로 그만 임신을 해버렸다나?

가이아 여신은 정말 황당했지만 어느새 착상(着床)까지 됐으니 별 수 없이 그 헤파이스토스의 아기를 (당시로선 임신 중절 같은 방법이 있었겠나?) 달이 찰 때까지 품었다가 낳는다. 단, 낳긴 낳았지만 기르지는 못하겠다고 버틴다. "별 우스운 것들이 다 난동치다 생긴 아이를 내가 왜 기른담?" 자기 의사에 관계없이 졸지에 대리모가 되어버린 대지의 여신의 자존심이 있지. 남들이 쪼다 헤파이스토스의 대리모 노릇하고 새끼까지 기른다고 손가락질할 거 아냐?

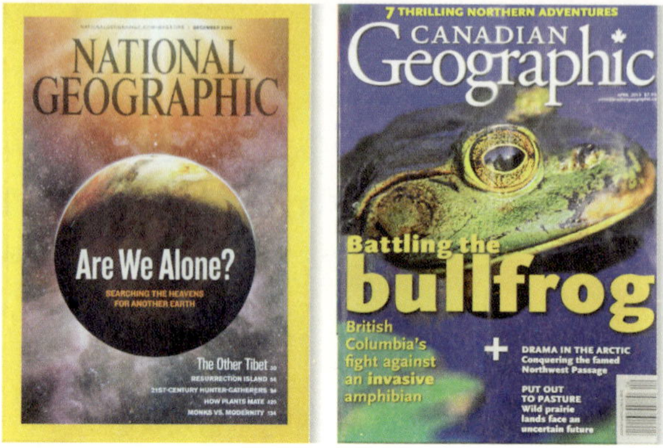

대지의 여신 가이아(Gaia) 이름에서 온 이 잡지들
NATIONAL GEOGRAPHIC과 Canadian Geographic. 마침 표지 사진에 지구가 나왔기에 이걸 택했다. 오른쪽은 같은 성격의 캐나다의 지리 잡지.

대지의 여신 가이아가 만든 고급 영어 어휘들

geology[쥐아알로지] : 지질학

geography[쥐아그래피] : 지리학

geographer[쥐아그래퍼] : 지리학자

geodesist[쥐이아데시스트] : 측지학자

geometry[쥐아메트리] : 기하학 (원래 땅의 넓이를 재던 거 아닌가?)

geopolitics[쥐오팔리틱스] : 지정학

geodesy[쥐아더시] : 측지학 (지구의 크기나 형태

가이아, 그 이름을 기린 대학
그녀의 이름 Gaia에서 땅이라는 말의 어원 geo-(地)가 나왔다. 사진은 미국 동부 메릴랜드 주립대학에 갔다가 만난 지실학과 건물 박공의 GEOLOGY.

를 수학적으로 측정, 연구한다)

geophysics[쥐이아퓌직스] : 지구 물리학

geomagnetism : 지구 자기

National Geographic (Society) : 미국의 세계적인 지리 잡지

가이아 건강 식품점
캐나다 온타리오주는 한반도의 5배 크기. 이곳의 한 작은 마을 엘로라(Elora: 토론토 서쪽). 캐나다에서도 아름다운 마을로 정평이 나 있다. 지금도 돌아가는 물방앗간이 있고, 이런 영양가 많은 땅(가이아)이라는 자존감 표현일까?

티폰이라는 가장 강력한 괴물 거인 탄생

어머니 가이아와 합작으로 아버지 우라노스를 쿠데타로 실각시킨 후 정권을 거머쥔 크로노스. 신탁을 받아보니 아들이 자기를 몰아내고 자기 자리를 차지하게 된단다. "이거 안 되지 안 돼!"

그나저나 신탁이 어긋나는 법이 있나? 아닌 게 아니라 막내아들 제우스가 어찌어찌 태어나더니 아버지 크로노스를 몰아내고, 신들의 우주 패권 싸움을 벌인다. 그래서 제우스보다 먼저 태어난 거인족(기간테스)들과 싸움이 붙는데, 제우스와 올림포스 신들이 힘겹기는 했지만 결과적으로 모두 제압한다. '이제 됐구나…' 하고 한숨 돌리려는데.

어라? 이번에는 난데없는 티폰(Typhon)이라고 하는, 반은 짐승 반은 인간인 괴물이 튀어나온 거다. 이게 우주에서 가장 강하고 무서운 거인이란다. 이 이름에서 'typhoon' 이란 말이 나왔고 그것을 한역(漢譯)한 것이 '태풍(颱風)' 이다. 근데 대체 이 티폰이란 놈은 또 어디서 갑자기 튀어나왔나?

그게 또 묘한 걸 시사한다. 가이아는 자기가 낳은 아들들인 기간테스족들이 모조리 손자뻘인 제우스에게 패한 것을 복수하려고 했다. 기간테스는 가이아와 아들 크로노스 합작으로 우라노스를 거세할 때 그의 잘린 성기에서 뿌려진 피가 땅에 배어, 즉 가이아에 흡수되어 태어난 거인족들이다. 그녀는 아예 목적을 가지고 무저갱 지옥왕 타르타로스와 얼른얼른 일을 치러 티폰이라는 괴물을 낳았던 것.

그 바람에 제우스와 올림포스 신들은 이집트로 도망갔었다. 이제 이해가 쉽게 될 것이다. 그러라고 이야기 배치를 다른 책과 달리 가이아를 제우스 뒤에 넣었거든.

대지의 여신 가이아
로마 신화로 가서는 테라(Terra)가 된다

'테라' 라는 말? 가장 좋은 예가 중 · 고교 미술 시간에 배우는 테라코타(terra cotta). 흙으로 초벌구이 한 조각 작품이나 그릇 따위를 말한다. 현대적으로는 건축물 내외장재 등에 사용된다. 로마 신화 속 대지의 여신이름 테라(Terra)로 인하여 땅 · 흙에 관계된 영어 단어들이 태어났

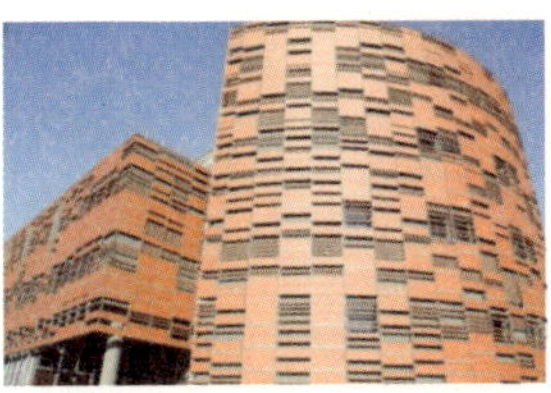
테라코타로 예술적 외장을 한 빌딩

대지의 여신 테라에서 온 이름 테라코타
타이완 제품의 테라코타 다기(茶器)들.

다. terra-라는 접두어가 붙은 말들이다. 역시 땅/대지는 생명을 만드는군. 이제는 고전이 되었지만 유명 영화 'E.T.'는 Extraterrestrial, 즉 extra(외계의) terra(땅)에서 사는 생물이란 뜻이다.

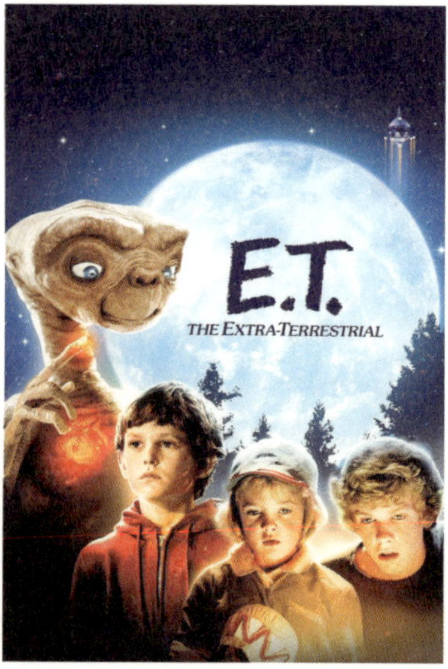

지금까지도 기억되는 영화 'E.T.'
스티븐 스필버그 감독 연출. 1982년 캐나다에서 개봉. 마침 그때 나는 캐나다 여행 중이었기에 이 영화를 일찍 보게 됐다. 아마도 우리나라에서 제일 먼저(?) 본 사람 중에 하나였을 걸.

terra가 들어간 실용적인 단어들

왼편은 정원용 흙(top soil)인데 캐나다는 영 · 불어 이중 언어를 쓰기에 보다시피 아래엔 불어로 terre(지면, 대지, 토양), terreau(부식토)라고 쓴 것이 보인다. 오른편 타이어의 all terrain(지형, 지세)은 어떤 조건의 땅에서라도(사용한다)라는 의미.

terra가 들어간 유용한 단어 몇 개 더 건지고 가자.

terramycin[테러마이슨] : 테라마이신(항생제) *추출 과정이 '흙'과 연관이 있어서. ~mycin은 fungus(균류)라는 뜻.

terrace : 테라스

terrain : 지역, (군사 용어로) 지형, 지세

terrane : 지질, 암층

territory[테러토리] : 지역, 영토, 영역, 구역, 국토, 준주(準州) * 영연방인 캐나다 · 호주 등에서는 인구 등 조건으로 보아 province(州)가 못 되는 지역은 territory라고 한다. 캐나다의 경우 10개의 주(州, Province)와 Northwest Territories, Nunavut Territories, Yukon Territories 이렇게 3개의 준주가 있다.

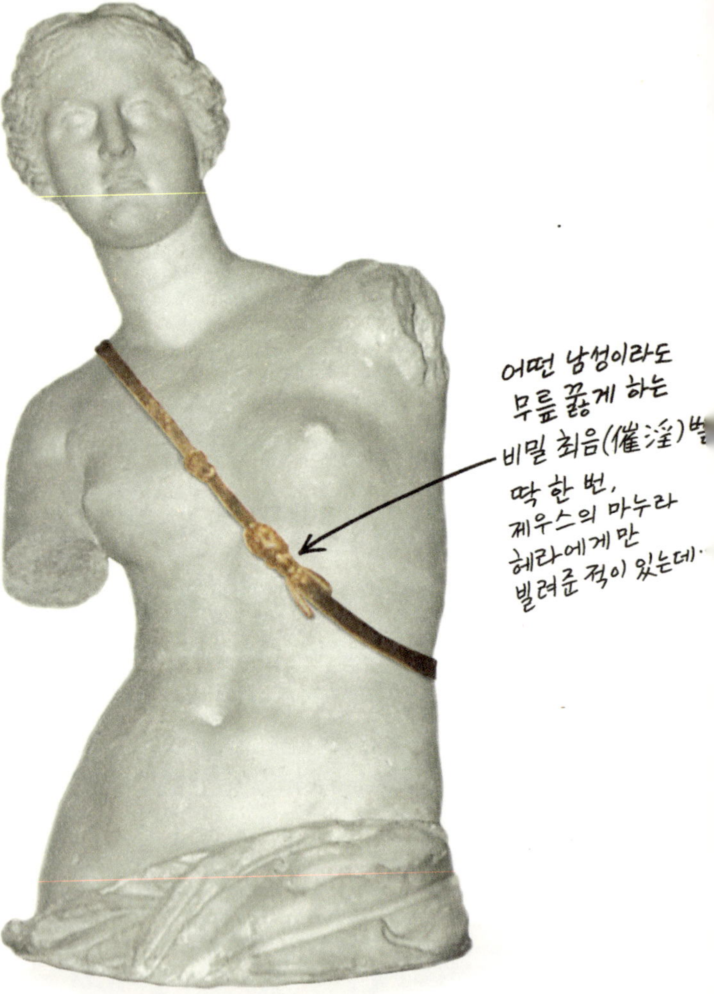
어떤 남성이라도
무릎 꿇게 하는
비밀 최음(催淫)벨
딱 한 번,
제우스의 마누라
헤라에게만
빌려준 적이 있는데.

6
아프로디테(비너스), 세계 최고의 미녀로 등극한 음(淫)한 미(美)의 여신

←

그리스 신화의 미(美)의 여신 아프로디테는 로마 신화로 들어가서는 비너스가 되었다. 문제는 '아프로디테?' 하면 모르는 사람이 많지만 '비너스?' 하면 자세한 건 몰라도 일단 美의 여신이라는 건 다들 알지. 마찬가지로 그리스 신화의 에로스는 로마 신화로 들어가서는 큐피드가 됐는데, 우리들에게는 큐피드가 더 잘 알려져 있다. 이 글에서는 이해하기 편한 대로 두 이름을 다 쓰기로 했다.

미술실에서 난생 처음 본 비너스(아프로디테)

서울 덕수중학교에 입학하자마자 미술반엘 가입했다. 초등학교 때와 달리 과목마다 다른 선생님이 들어오시니 굉장한 기대감이 있었다. 무엇보다도 진짜 화가인 미술 선생님으로부터 미술을 정식으로 배울 거라는 기대감이 컸다. 첫 미술 시간. '어떤 분이실까?' (두근두근) 화가를 처음 만나보는 순간이었다. 자그마하시고 백발도 희끗희끗 보이는 분, 서양화가 김찬희 화백님이셨다. (한국 서양화 구상계열의 대가. 그런데 실력에 비해 잘 알려지지 않았다. 중3 때 경기도 덕적도로 미술반 스케치 여행을 일주일 갔었

나는 장차 미술가가 된다
서울 덕수중학교 2학년 때인 1961년 5월, 서울 창덕궁 후원(비원)에서.

는데… 약주, 참 좋아하셨지. 참 인간적인 분이셨다.)

당시는 중 · 고교가 함께 있었기에 고3 형들 정도 되면 가히 어른들 같았다. 그런 고참 형들이 있는 미술실. 처음 보는 서양 인간들의 석고 두상이나 흉상들이 주~욱 있는데 그중에 우선 제일 큰 걸로, 아주 큰, 풍만하고 아름다운 여성의 누드 반신상이 눈에 척 띄네. '솜털 소년' 이 보기에 '홀랑 벗은 서양 여자' 라. 우리와 다른 골격의 그 얼굴 멋있데. 가슴도 아름답고.

뭔지도 모르고 만난 비너스

난생 처음 본 비너스. 그것이 뭔 여자인지조차도 몰랐다. 이제 중학생이 된 나, 세상에 그리스 신화 같은 게 있는지조차도 몰랐는데 뭘. 그 비너스

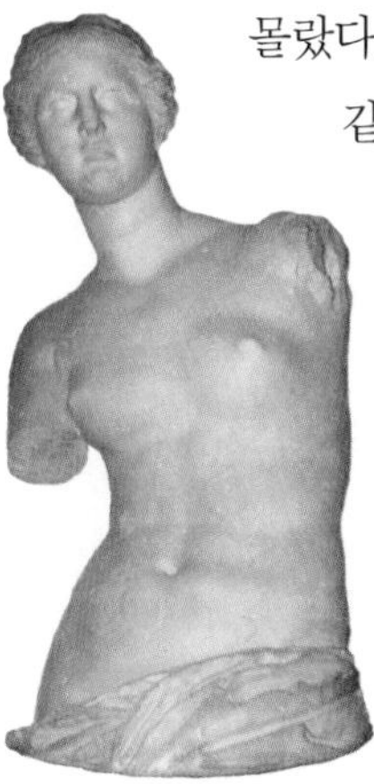

미술실에 있던 것과 같은 반신상 밀로의 비너스
제대로 그림을 조금 배우게 되자 '왜 허리를 이 라인에서 잘랐을까?' 하는 의문이 있었다. 대체로 인물화를 그릴 때 전신상이 아닐 경우 상식으로 자르는 선이 있다. 얼굴만 그릴 경우 목까지. 일반적인 초상화 같은 경우는 가슴까지. 좌상(坐像)일 경우 무릎과 발목 중간이다. 그런데 세상의 걸작이라는 밀로의 비너스인데 데생용 복제 석고상으로 잘라 만들 때 왜 하필이면 요 라인에서 잘랐을까? 아무튼 데생 대상으로 하기엔 우리 실력으로는 어림도 없는 거고. 그러니 그냥 미술반 심벌로 분위기상 미술반이 있는 한 켠에 놓여 있더랬지.

가 로마 신화의 美의 여신으로 그리스 신화에서는 아프로디테라고 한다는 것도 홍대 미대에 진학한 후 '서양 미술사' 시간에 처음 들었다. (그때 잘 외워지지도 않던 아프로디테라는 이름이 참 생경스러웠지.)

데생용 석고상은 일반적으로 두상, 흉상만 있는데 비너스 반신상, 이건 가히 물건이었다. 그리고 훨씬 훗날 체득하게 됐는데, 이런 반신상은 우리 정도 실력으로는 데생하기에 너무 버거웠다는 것. 그래서 미대 데생 실습실에도 없는 건데, 어떻게 우리 미술실엔 있었던 거다. 아마도 일본 도쿄의 태평양 미술 학교를 나오신 김찬희 화백/미술 선생님께서 "여긴 예술을 탐구하는 곳이니라" 하는 분위기로 구입해놓으셨을 거라는 생각이다.

한참 뒤 알게 됐는데 그 석고상 이름이 '미로의 비너스' 라는 것. ('밀로' 도 아니고 '미로') 근데 그 '미로' 가 뭔 뜻인지? 혹시 미로(美路, 아름다운 길)? 뭔가 알 수 없다는 의미의 미로(迷路)? 작가 이름은 아닐 거 같고 무슨 지명 같다는 생각이 들다 말았다.

비너스의 독특한 비골(코뼈)과 그리스 여인
해부학적으로 두개골이 우리와 다른 거지. 고대 그리스인들은 자기네들에게도 흔치는 않은 그것이 더 아름답다고 생각했을까?

비너스(아프로디테)의 독특한 비골은?

내가 처음 비너스의 석고상을 보았을 때 신기하게 생각했던 것은 이마(전두골) 아래 미간에서 코뼈(비골)가 시작되는 부분이 우리들처럼 약간 들어가 있지 않은 점이었다. (사진을 잘 보시라) 상상 속의 신의 형상이건만 아프로디테 정형에서 조각가들끼리 그런 약속이라도 있었던 걸까? 비너스 조각들에는 그런 공통점이 있었다.

그래서 캐나다에 살게 되면서 국적별로 많은 서

양인들의 미간과 비골 부분을 관찰하며 사진을 촬영했다. 그러나 그런 비너스 같은 비골을 가진 여성은 만나기가 쉽지 않았다. 그래서 그리스 신화의 나라 그리스에 가서는 더 관심을 가지고 관찰했다.

그래, 맞아. 사진에서 보듯이 그런 사람들이 있었다. 사진의 비너스 두상은 파리 루브르 박물관에서 촬영한 거고 오른편은 그리스에서 만난 여인.

그저 비너스로만 알았는데
오리지널 이름은 아프로디테

어려서부터 미대 간다고 한 대로 용케 홍익 미대에 합격했다. 입학 후 서양 미술사 시간에 비너스를 그리스어로 아프로디테라고 한다는 걸 알게 됐다. 처음 들은 그리스 이름, 길고 생경스러웠다. 그때 밀로의 아프로디테에 대해서 그래도 무슨 이야기가 좀 있었어야 했는데… 없었다.

그럴 수밖에. 큰 강의실에서 여러 과(서양화과, 동양화과, 건축과) 학생들과 함께 들어야 했던 서양 미술사. 그런 분위기부터 지루한 느낌이었지, 강의가 귀에 들어올 턱이 있나. 무엇보다도 제주도는 고

사하고 부산이나 목포에도 가볼 일이 없던 때라 지구 끝 어디쯤에 있는 나라인지도 모를 서양과 무슨 연결감이 느껴져야지…. 교수님, 저분도 가보기는 커녕 왕년의 일본 유학생이니까 일본어를 알아 순전히 일본 서양 미술사 책 보고 옮겨 적은 낡은 노트만 가지고 매년 똑같은 소리만 하는 판국인데 뭘.

그래도 다 감사하게 생각한다. 결국은 그런 수업이 계기가 됐지. 나중에 보면 더 알고 싶다는 동기도 유발됐고. 그 후 아프로디테에 대한 공부로 이어지는 계기도 됐다. 즉 2학년을 마치고 해군에 가서는 성경과 그리스 로마 신화에 매달리게 된 거지.

1970년 당시 서울 을지로의 '뷔너스 의상실'
설령 비너스가 그리스 신화에서의 올림포스 12신의 하나인 아프로디테라고 하는 것은 몰랐어도, 그녀가 美의 여신, 즉 최고의 미녀라는 것은 막연하게라도 알고들 있었다. 그랬기에 '의상실' 이름으로도 사용했지. 복학한 후 촬영한 것인데 군복무 중에 읽은 그리스 로마 신화가 영향을 주어서 이런 것도 눈에 띄게 됐고 촬영까지 하게 된 것.

해외 여행이 하늘의 별이었던 시절

대학을 졸업하고 그래픽 디자이너로 미술 교사로 활동 시작. 그리고 한참 지난 1980년대에 들어서서야 그동안 일반인에게는 금지됐던 해외 여행의 길이 쬐끔 열렸다. 그러나 어찌나 까다롭게 했는지, 해외 못 나가게 하느라고 일부러 그러는 거 같았다. 신원 조사를 받아라, 무슨 소양 교육을 받아라, 해외에서 어떤 사람들과 접선됐으면 반드시 신고해라, 은행에 저축이 얼마 이상 있어야 한다, 가지가지로 까탈스럽게 굴었지. 그러다가 한 가지가 걸리면 못 나가는 거다. 아주 힘들었다.

그러다 1982년, 여름 방학을 이용해 참, 용케도 대한민국 여권을 받은 나, 이게 어떤 기회인데? 애써 일본, 캐나다, 미국 비자를 다 받는 데 성공했다. 그 길로 우선 박물관만 해도 일본에 가서 도쿄 국립 박물관을 볼 수 있었고, 거기서 캐나다로 가서는 ROM(로열 온타리오 박물관)이며, 미국에 가서는 필라델피아 미술관을 주마간산이나마 보게 됐다. (그게 어딘데? 얼마나 폼나던 일이었는데?) 그리고 연달아 운이 터지는 바람에 그 이듬해인 1983년에

밀로의 비너스 앞에는 언제나 관중이 와글와글
근데 하필이면 뒷모습이냐? 아니, 가 보았든 사진으로 보았든 다들 앞모습은 봤다. 근데 뒷모습 제대로 본 사람은 드물다. 봤다는 사람들이라 해도 그저 지나가며 본 정도여서 제대로 기억도 못한다.
뒷모습을 보자는 이유가 있다. 앞면의 옷자락은 섬세하게 조각되어 있는데 의외로 뒷면은 참 단순하게 허술하게(?) 처리해버렸거든. 밀로의 비너스 경우, 뒷면은 구성으로 보아도 주름조차도 아름답지 않다. 그 빛나는 이름, 걸작으로 보아서는 의아스러울 정도지. 동양의 불상들도 뒷면 처리가 단순한데, 뒷면 처리 면에서는 동 · 서양 동일.

는 그 이름만 듣던 파리 루브르 박물관엘 가볼 수 있었고. 하여간 유럽 10개국 박물관들을 역시 주마간산할 수 있었다. (정말, 내 인생, 수지맞았지.)

바로, 그때, 거기, 루브르 박물관에서 중학교 1학년 때 미술실에서 석고상으로 만났던 밀로의 비너스 오리지널을 만난 거다. '저거였구나.'

걸작 아닌 작품이 있나? 그러니 작품들을 사열하

듯이 지나치던 사람들도 밀로의 비너스 앞에서만은 (다빈치의 모나리자하고) 발을 멈추고 몇 겹으로 둘러싸고들 있었다. 나도 끼어야지. 같이 끼어 자라목을 하고 보는 것만으로도 부족해 슬슬 비집고 들어가서 맨 앞에 가서 자세히 관찰했지. 그러고 사람이 잠깐 뜸할 때까지 인내해서 사진을 잘 촬영해보려고 했다. 그 북새통 중에 '인증샷' 도 찍고. (그러니 핀트도 제대로 못 맞추었지….)

히야~ 이게 석고상으로 안면 트고 24년 만인데…
1983년, 처음으로 파리 루브르 박물관에 갔었을 때. 인증샷!

그러나 결국 제대로 촬영하지 못했다. 몇 사람이 빠져나가면 딴 사람들이 얼른 메워버리니…. 여러 해가 지난 뒤 다시 갔더니, 관광객들은 곱으로 늘어나 있었다. 그래도 'Better than nothing인 법.' 별 볼 일 없는 사진이라도 찍어두는 게 낫지. 그 다음 갔을 때도 그랬다. 허긴 뭐 그거 잘 찍어 왔다고 뭣이 달라질까? 나나 독자들이나 얼마든지 최고의 조건에서 촬영된 사진을 화보로 많이 보고 있을 텐데.

밀로의 비너스가 발견된 섬은 어디 있나?
"요기~ 있지!" 섬 자체는 에게해의 작은 그리스 섬인데, 밀로의 비너스가 발견된 섬으로 유명해졌다.

왜 '밀로의 비너스' 라고 하지?

그건 1820년 그리스 아테네 남동쪽 크레타섬 딱 중간에 있는 조그만 섬 밀로(Milos, 지도 참조)에서 한 농부에 의해 발견되어, 그 지명이 앞에 붙은 거다. 프랑스 해군 함장이 그 가치를 '척!' 꿰고 (약간의 절차를 통과한 다음) 널름 집어다가 여차여차하여 오늘날 루브르를 대표하는 작품이 되게 한 것. 그 점, 참 대단하다. 당시 프랑스 군인이 그 양팔도 없이 발견된 조각 작품을 벌써 '물건 중의 물건' 인

←

여기가 밀로의 비너스가 발견된 길이야?
도로 이름에서 눈에 띈 밀로스 길. 이런 그리스의 지명도 종종 눈에 띄는 이유? 그리스 문화가 생활인 서양 국가들의 공통점이지. 캐나다 온타리오주 킹 시티.

걸 알아보고 자기네 나라로 빼돌릴 생각을 했으니까.

미의 여신이 그렇게 통통해?

당연한 말이지만 그리스 로마 신들도 영(靈, spirit)의 세계의 존재라서 자신의 필요에 의해 모습을 감추느라고 잠시 인간이나 말, 백조, 황소, 산돼지, 참새 등으로 변신하여 나타나기 전에는 인간의 눈에는 보이지 않는 영적 존재들이다.

고대 그리스인들은 눈에는 보이지 않지만 신들이 인간과 똑같이 생겼다고 생각했다. 신들이 자기들 모습으로 인간을 창조했다고 알고 있었기 때문이다. 우리는 예술가들의 상상과 솜씨를 통한 작품에서 그리스 신들을 인간의 형태로 만난다.

그리스 신화의 아프로디테는 보직이 美와 사랑, 다산의 여신. 우선 우주에서 제일 아름답다. 그런 신화 시대의 여신들이고 현대의 예쁜 여성들이고 간에 공통점은 자기보다 더 예쁜 다른 여성을 못 보아준다는 것. 쓱 보고도 순간적으로 아주 초고성능 입체로 스캔을 한다. 그리고 그냥 대결이다. '뭐야!

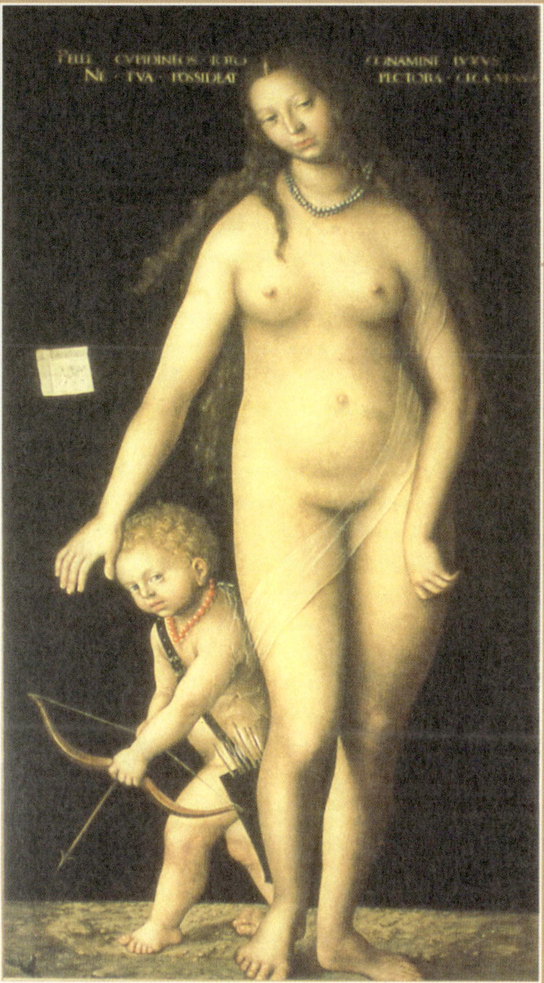

몸매가 이 정도는 되어야 美의 여신이지

美의 여신 비너스와 활을 든 아들 큐피드(에로스). 러시아 상트페테르부르크 에르미타주 박물관에서 촬영.

나보다 예뻐? 안 돼!'

그런 점에서 현대 여성들의 눈에는 아프로디테가 좀 의아하게 비쳐지겠다. 美의 여신이라는데 날씬하기는커녕 통통을 지나 오히려 퉁퉁할 정도니 말이지. 어깨선과 허리 굵기를 보면 거구로까지 느껴진다. 그래서 아프로디테를 중성 같다고도 하고, 심지어 남성 같다고 평하기도 한다.

한두 세대 전까지만 해도 아름다운 여성은 요새 기준과 달랐다. 우리나라에서는 처녀를 평할 때 복스럽다, 달덩이 같다라는 표현이 쓰였었다. V라인 같은 건 오히려 그 반대였었지. '턱이 뾰족한 게 복이 달아나게 생겼다' 소리 들었으니까.

여자가 목숨을 거는 美는 정말 거품일까

美의 여신 아프로디테(비너스)는 올림포스 12신 중 하나인 거물급 神이라 신화 여기저기에서 등장하니까 전기 형태로 그녀의 이야기를 길게 쓰지는 않겠다.

자, 그래도 우선은 어떻게 해서 태어났으며 신격은 어느 정도인가는 알아보자. 단, 지금은 정보가 넘치는 시대라 그녀의 탄생에 대해서는 대개 어느 정도는 알고 있겠지만, 그래도 이야기를 조금 이어가 보자. 유럽 곳곳에서 아프로디테를 만났을 때 동행인과 즐겁게 이야기 나누게.

우라노스의 거대한 '물건'에서 거품이, 그 거품에서 아프로디테가 탄생

그리스 신화에서 우주가 시작된 후, 하늘의 신 우라노스의 아들 크로노스는 어머니 대지의 여신 가이아의 사주를 받아 아버지 우라노스를 거세/제거하느라고 아버지의 생식기를 낫(어떤 기록엔 돌도끼)으로 잘라버렸다. 그러고 나서 그 끔찍하고도 거대한 물건을 어디다 갖다 던져버렸지? 바다에! 그게 파도에 흘러, 흘러 가다가 그 거품 속에서 아프로디테가 탄생했다는 거다. 자, 벌써 그녀는 남자의 생식기와 연관이 있다는 암시를 주네. 그 이름 미의 여신 '아프로디테'는 '거품'이란 의미란다. 묘하지?

아프로디테는 여성의 미를 논할 때 늘 단골 소재가 되는 것이지만 참으로 의미심장, 시사하는 바가 있도다. 美의 여신이 거품에서 나왔으니, 즉 '美=거

비너스, 탄생했습니다!
그 대단한 르네상스 시대의 정말 위대한 화가 보티첼리의 '비너스의 탄생'이다. 이에 대한 해설은 내가 할 일이 아니니 각자 검색해보시라.

비너스 전신상을 널리 행인들에게 보여준 화방

값싼 복제품이지만 조형만을 감상하는 데야 사실 전혀 관계없지. 사실은 같은 거지. 서울 종로구 연건동 대학로에 '서울미술공사/별나라'라고 하는 참 오래된 전통의 화방이 있었다. 서울 · 경기 지역에 사는 미술학도로서 이 화방에서 화구를 구입해보지 않은 사람이 있을까? 1990년대에 그 화방은 바깥 길가에 비너스 석고 전신상을 아이캐처로 세워놓았다. 참 좋은 아이디어라고 생각했다. 그림과 관계없는 사람이라도 차창 밖으로 스쳐 보기만 해도 단박에 '아! 저 가게는 화방이구나' 했을 거다. 그 화방 신 사장님, 참 좋은 분이셨지….'

품'이 아니겠느냐는 말. 그러고 보니 우리 조상은 이런 시를 지었지. "청초 우거진 골에 자는다 누웠는다. 홍안(紅顔, 젊어서 혈색이 좋은 얼굴)을 어디 두고 백골만 묻혔나니. 잔 잡아 권할 이 없으니 그를 슬퍼하노라." 즉 '얼짱 황진이, 그 곱고 아름답던 얼굴은 어디 가고 시간이 지나니 백골만 묻혀 있어?' 하고 애도한다. 즉 美의 거품, 시간, 허망함을 노래했지.

그러나 그건 죽은 뒤의 이야기고 살아 있는 한 우리로선 거품이라도 좋다, 거품에 목숨을 걸겠다는데 그러네. 왜 이성과 철학의 발상지인 고대 그리스가 만든 신화에 등장하는 여신이나 여인들이 하나같이 죄다 예뻤어야 했는가를 생각해볼 필요가 있다. 왜 트로이 10년 전쟁이 헬레네라는 미녀 하나 때문에 일어났는가 말야. 헬레네 그녀가 뭐 지혜로웠을까? 지성이 넘쳤겠는가? 단 한 가지, 그저 무조건 '최고로 예뻤다' 이거다. 난, 그리스 신화 속에서 인물은 별로였으나 지적인 외모에 끌렸다든가 하는 말은 단 한 줄도 발견한 적이 없다.

아프로디테와 조가비는 어떤 관계?

아프로디테는 미와 사랑의 여신이라고는 하지만 그건 너무 고상하게 표현한 거고 딱 까놓고 말하자면 美로 포장된, 그 속은 아주 표독스럽고, 자기 분야 사랑에서도 정신적 사랑과는 하나도 관계없는 아주 음한 여신이라고나 할까. 얼마나 그 일(?)이 주

특기였으면 다산(多產)의 여신이겠나? 그녀의 심벌이 뭔가? '조개' 다. 가리비 조가비.

그래, 참 실력에서 존경해마지않는 15세기 이탈리아 화가 보티첼리의 '비너스의 탄생' 을 보면 큰 조개 속에서 비너스는 왼손으로는 살짝 아래를 가리고 오른손으로는 가슴을 가리고 금발을 날리며 서 있다. (당시 유럽인들은 금발을 엄청 선호했다. 그래서 유태인임에도 예수의 인간적 어머니 마리아도 종종 금발로 그려졌다.)

사람들의 생각은 고금(古今)을 통해 같다는 것

거참, 원래 사람들의 발상은 대동소이하다지만 요럴 땐 완전히 약속이나 한 듯 같다. 동서고금을 통해 사람들은 조개는 그 모양이 여성의 성기를 닮았다고 생각했던 것. 성기 생식기라는 데서 고대 그리스인들은 조개에 탄생과 다산(多產)의 의미까지 얹었다.

고대에서 중세까지도 여섯 살 이전의 아이는 언제 죽을지 모르니까 아직 사람 숫자로 넣지도 않을 정도로 유아 사망률이 아주 높았다. 그러니 사람들

미국의 석유회사 쉘(Shell)의 로고와 가리비 조가비
미국의 석유회사 쉘의 심벌이 가리비 조가비이다. 개인적으로는 나의 데스크톱 밑에도 가리비 조가비가 하나 놓여 있고 우리 집 지하 카페 뮤제(Musée : 지하 카페 이름) 기둥도 큰 가리비 조가비로 장식했다. 그 아래 액자의 사진, 망측하다고? 아니요! 이탈리아 로마 근교의, 분수로 유명한 티볼리 정원의 스핑크스의 가슴 부분이라오.

은 아이가 자라다 죽을 걸 감안해서라도 무조건 다산을 해야 했지. 그건 절대 소망이었다. 그러려면 남녀가 생산을 위해서라도 열심히 사랑(!)을 해야 했지. 즉 아프로디테의 '사랑'이란 오로지 '밤일'이다. 그리고 아프로디테 자신도 사랑의 여신답게 그 일을 열심히 했다. 남편(대장장이 신 절름발이 헤파이스토스)은 무시하고 밖으로 다니면서 열심히 사랑을 했다.

아무튼 고대 그리스인들은 '생산'을 하고 싶으니까, 그것도 가능하면 풍요롭게 많이 하고 싶으니

까 그 소망을 조가비(생식기)의 여신, 풍요의 여신 아프로디테에게 빌었다. 美의 여신인 그녀가 바다 물결 거품에서 태어났다는 것 자체가 다 이런 쪽으로 이야기를 꾸미자고 한 것이지.

거품에서 태어난 거품 미녀 아프로디테는 그리스 해안에서부터 남동쪽으로 흘러 흘러 최소한 1000㎞는 내려가 지금의 튀르키예 남쪽 바다, 독립국 섬나라 키프로스(Cyprus) 서쪽 해안, 우리나라로 치자면 인천쯤 되는 파포스(Paphos) 서쪽에 표착했다.

그 옛날 키프로스섬 주민들이 아프로디테 여신을 모셨던 것도 그런 이유다. 그녀에게 풍요와 다산을 빌 때 그녀의 신전에 그녀의 심벌인 조개를 구워 바쳤다나? 생식의 심벌을 마중물 삼아 바친 거지.

아무튼 고대 그리스인들은 '생산'을 하고 싶으

비너스(아프로디테)의 탄생을 축하합니다
방금 거품 미녀께서 탄생하셨다. 구색을 맞추느라고 그려 넣은 것이긴 하지만 바로 위엔 마치 무중력 상태의 유영(遊泳)같이 케루빔들이 날며 탄생을 축하하고 있는데, 두 케루빔은 비너스의 탄생을 온 우주에 선포하는 뿔 고둥을 불고 있다. 고둥은 소라고, 소라는 또한 조개하고 같은 연체동물로 친척이기도 하지.

니까, 그것도 가능하면 풍요롭게 많이 하고 싶으니까 그 소망을 조가비(생식기)의 여신, 풍요의 여신 아프로디테에게 빌었다. 그녀가 바다 물결 거품에서 태어났다는 것 자체가 다 이런 쪽으로 이야기를 꾸미자고 한 것이다.

아름다움은 우주 절대 파워

이 우주는 아름답다. 알면 알수록 더욱 아름답다. 진실하고(眞) 아름답고(美) 선(善) 그 자체인 창조주의 성품으로 창조되어 그렇다. 그런 아름다운 작품을 딱 하나 만물의 영장인 인간만이 감지할 수 있고 즐길 수 있고 사랑할 수 있다.

음, 그리고 인간들이 지어낸 것이지만 인간과는 비교도 안 되게 우월한 그리스 신들은 아름다움을 보는 눈이 더 높았을 거라고 생각하자. 절대 음감이 뛰어난 사람이 더 고차원의 음악을 감상할 수 있듯이.

그런 그들이 사랑과 다산의 목적으로 美의 여신 아프로디테를 설정한 거다. 생산, 다산의 여신은 아름다워야 한다. 왜냐? 아름다워야 (이거 말이 이상하게 들리겠는데…) 남성들이 목숨 걸고 덤벼들고 그래서 강한 놈의 씨로 건강한 후손이 이루어지지 않나 말이지. 마치 짐승들도 수컷들이 암컷을 차지하기 위해 목숨을 걸고 싸우듯이.

미(美) 때문에 트로이 10년 전쟁도 일어났고

그런 고등한 우주의 생리로 보아 美는 절대 파워다. 그런 美의 수장(首長) 여신으로서 아프로디테는 자기보다 더 아름다운 여신이나 인간 여자가 있다면 그 꼴만은 못 본다. 천하 없어도 그것만은 "Absolutely no!" 다. 만약 그런 여자가 있다면? 간단하다. '없애버린다.'

트로이 10년 전쟁의 원인이 여기서 시작된다

'아니 이런 연놈들…' 트로이 왕자 파리스가 방문국의 왕비 헬레네에게 작업을 걸고 있다. 그리고 몰래 헬레네를 꿰차고 자기 나라 트로이로 내튀었다. 이게 다 美의 여신 아프로디테의 농간이었지.

실제로 "우리의 프시케 공주님이 아프로디테 여신보다 아름답다!"는 지상 소국(小國) 백성들의 찬사가 천상까지 들려왔을 뿐인데, 천상의 아프로디테는 성질이 치받혀 끝내 어린 프시케 공주를 인간세계에서 완전 제거해버리지 않았던가.

이런 거 기억하시지? 불화의 여신이 불화를 일으키려고 '최고의 미녀에게'라고 쓴 황금사과를 인간 임금 펠레우스와 바다의 여신 테티스의 결혼식장에다 슬쩍 굴려놓았던 것. 그때 누가 황금사과를 차지하느냐, 즉, 누가 가장 아름다우냐를 두고 세 여신 사이에 경염 대회가 벌어졌고, 그때 아프로디테가 판정을 맡게 된 트로이의 왕자 파리스와 비밀 거래를 한 끝에 결국 황금사과를 쟁취하기도 했다. 그 결과 트로이 전쟁이 일어났지. 그래서 10년 동안 병사들이 싸우다 죽었지. 신들은 되레 그런 거 관전하기가 재미있어 자꾸 싸움을 북돋았지.

이때 우주 최고 미녀 판정은 순전히 누가 제일 좋은 뇌물을 판정자에게 제안하느냐로 결정됐는데….

세월은 흘러 그새 화방은 디지털 시대에 밀려 사라졌으나 그 자리를 지키는 아프로디테

붓과 물감 등으로 캔버스나 종이에 그림 그리는 시대는 지나간 지 오래지. 그러니 화방이 견딜 수가 있나? 그 자리에 도시락 집이 들어섰네. 그런데 그 아이캐처(eye-catcher) 비너스는 두고 간 모양. 뒷사람이 구리 칠을 해준 대로 그 자리를 그대로 지키고 있다. 역시 아름답긴 하네. 그런데 붉은 구리 칠은 좀 아닌가 싶군…. (서울 종로구 연건동 대학로)

그때 다른 여신들의 어떤 뇌물보다 파리스를 움직인 것은 美의 여신 아프로디테가 파리스에게 아내로 주겠다고 한 뇌물, 즉 인간 최고의 미녀였다.

그런데 경쟁자인 아테나 여신도 미모에 있어서는 자기가 제일이라고 믿고 있었는걸! 최고신 제우스의 마누라 헤라도 물론이고. 이러니 이 세 여신의 자존심에 찬 경염 시합의 결과로, 고래 등 싸움에 새우 등 터진다고 수많은 군인들이 죽어간 트로이 10년 전쟁도 일어난 거지.

아프로디테와 인간 청년 아도니스

떡대 깡패 전쟁신 아레스(로마 신화의 마르스)와도 슬슬 싫증난 아프로디테. 이번에는 인간 미남 청년 아도니스에게 작업을 건다. 아도니스 표정은 '이게 웬 떡이냐?' 하는 것 같군. 에로스(큐피드) 녀석은 엄마가 아도니스와 정사 벌이는 뒤에서 흡사 불도그같이 생긴 개를 끌고 뭘 하는 거지? 행여 깡패 아레스(마르스) 아저씨든 누구든 접근, 방해 못하게 하느라고 지키는 건가? 독일의 헨드리크 골치우스 Hendrick Goltzius(1558-1617) 작품.

아프로디테(비너스)는 기어이 그 황금사과를 쟁취함으로써 만신이 보는 데서 자기 스스로를 우주 최고의 미녀로 확인시킨다. 즉 최고의 미(美) 파워우먼 신으로 등극하신 거다. 그러고 인간 미녀 헬레네 정도는 아프로디테가 질투할 상대가 아니니까 파리스의 아내가 되게 해줬지. 그 결과로 나중에 트로이 전쟁이 일어나게 되어 있지만 그거야 내가 알게 뭐냐 이거지.

비너스와 큐피드
한 덩이 대리석으로 어떻게 이런 조각을 할 수 있을까? 아름다운 육체도 육체지만 부수적으로 또한 아름답기 짝이 없는 천의 주름들 좀 보시라. 몇 살 때부터 얼마만큼 도제 노릇을 하고, 실기 수업을 거쳐 경험을 쌓아 독립해야 이런 수준에 오를 수 있을까?
러시아 상트페테르부르크 에르미타주 박물관에서 촬영.

아프로디테와 에로스(큐피드)

아프로디테가 마~악 조개 속에서 탄생하는 순간인데, 어떻게 아프로디테의 아들 에로스가 그걸 보고 있지? 이탈리아 나폴리 국립 고고학 박물관에서 만났다. 폼페이 유적에서 나온 것. (사실은 에로스는 아프로디테 이전 우주가 시작될 때부터 있었다네. 부지런히들 에로틱하게 놀아서 빨리 인구 늘리라고.)

쿠바에서 만난 비너스와 큐피드
이렇게 아름다운 작품이 박물관 바깥 입구에 그냥 놓여 있다니…. 별거 아닌 이야기이긴 하지만 여기서 보면 비너스는 비너스의 정형대로 미간과 코뼈가 같은 높이로 되어 있는데, 아들 큐피드는 오목하게 들어가 있다. 그래야 더 어린이답고 더 귀여운 조형이 돼서 그랬겠지. 사실 큐피드는 비너스의 생물학적 아들도 아니니까.

 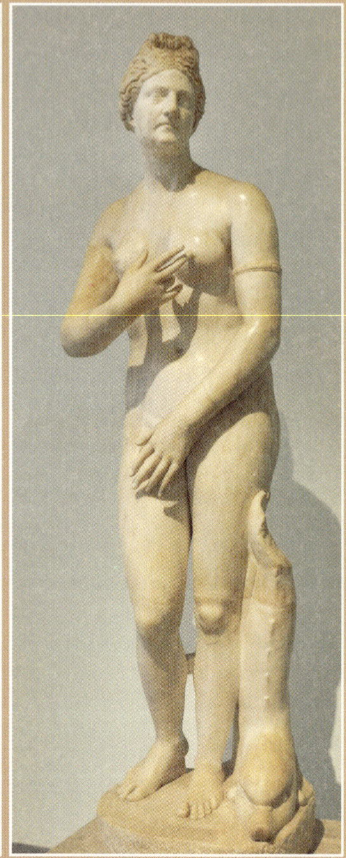

수줍은(?) 아프로디테/비너스

거의 같은 포즈의 네 아프로디테. 다만 머리 스타일과 왼쪽 다리 곁의 (지탱을 위한) 소품이 다르다. 첫 번째 사진의 경우는 목이 긴 물병을, 두 번째는 난데없는 돌고래 (이건 원래 바다의 신 포세이돈의 전령), 세 번째는 항아리를, 네 번째는 역시 물병같이 생긴 것을 놓고 있다. 모두 이탈리아 나폴리 국립 고고학 박물관에서 한꺼번에 만나 촬영했다. 월척을 막 건진 거지. 이건 횡재였다.

우리 현실에서 신화를 발견하는 즐거움

우리들의 무대인 현대 세계에서 알고 보면 볼수록 사방에 자리 잡고 있는 그리스 로마 신화의 흔적들은 너무도 많다. 세계의 강국 미국의 국가 휘장에서, 녹색 달러에서 노상 '독수리'를 보고 있지 않나?

독수리가 뭔가? 그건 그리스 로마 신화의 왕초신 제우스(로마 신화의 주피터)의 심벌 동물(聖獸,

제우스의 성수, 독수리.

성수)이다. (미국뿐이 아니다. 유럽 여러 나라의 국장 속의 독수리도 같다. 새삼 잘 보시라.) 그런 신화적인 의미까지는 헤아리지 못한 채 건국 이후 우리 대한민국이 '그저, "미제가 최고"라고' 그대로 가져다 쓴 것이 현행 대한민국 경찰의 휘장이며, 해병대의 휘장이다. 실제로 우리나라 각군의 심벌들은 모두 미국 제우스의 독수리가 장악하고 있다. (저자는 디자이너로서 그 부끄러운 문제를 바로 잡기 위해 지속적으로 활동 중.)

즉, 이 책의 그리스 로마 신화 이야기는 고리타분한 신화가 아니라 지금도 펄펄 살아 있는 현대 속의 신화를 여러분과 나누는 것이다. 서양 문화권에서는 너무나 익숙하지만 우리에게는 낯선, 그래서 때

(왼쪽) 미국 해병대 심벌 (오른쪽) 대한민국 해병대 심벌

미국의 거대한 석유회사 엑손 모빌(ExxonMobil)의 천마 페가수스

로는 잘못 알았던 부분도 종종 있다.

작은 한 예를 들어보겠다. 우리나라의 상표들 중 천마(天馬) 페가수스는 말 색깔이 파랗다. 즉 날개 달린 청마다. 아마도 푸른 하늘을 나는 말이라고 생각해 디자이너들이 청색 말을 생각해서였을 것이다.

그런데? 미국의 거대한 석유회사 엑손 모빌

(ExxonMobil)의 천마 페가수스는 무슨 색? 핏빛 빨간 색이다. 웬 빨강? 우리로서는 아주 의외지? 그건 미국의 디자이너들/지성인들은 일상에서 그리스 신화를, 페가수스의 족보를 그냥 상식으로 알고 있어서다.

즉, 그리스 신화의 못된 바람둥이, 바다의 신 포세이돈이 말로 변신하여 아프리카 북단 리비아의 미녀 공주 메두사를, 하필이면 처녀신이자 전쟁의 여신 아테나의 신전에서 강간했을 때 페가수스(馬)가 임신됐고, 그 일로 악심을 품은 아테나가 인간 영웅 페르세우스를 시켜 메두사의 목을 잘라오게 했을 때 그 잘린 목에서 뿜어져 나온 피를 뒤집어쓰고 태어난 말, 페가수스를 디자인한 거라 빨간색으로 한 거다.

이런 이야기는 한이 없다.

일상이 그리스 로마 신화

저항의 계보

1판 1쇄 인쇄 2026년 1월 24일
1판 1쇄 발행 2026년 2월 4일

지은이 한호림
펴낸이 김현정
펴낸곳 책읽는고양이

등록 제4-389호(2000년 1월 13일)
주소 서울시 성동구 행당로 76 110호
전화 2299-3703
팩스 2282-3152
홈페이지 www.risu.co.kr
이메일 risubook@hanmail.net

ISBN 979-11-92753-48-5 03210

※책값은 뒤표지에 있습니다.
※잘못 제본된 책은 바꾸어 드립니다.